尖閣《せんかく》・竹島《たけしま》・北方領土《ほっぽうりょうど》

どうなるの？ 日本《にっぽん》の領土《りょうど》

――ゆかちゃんの学習《がくしゅう》ノート――

武内《たけうち》 胡桃《くるみ》／作《さく》
かなき 詩織《しおり》／画《が》

ハート出版

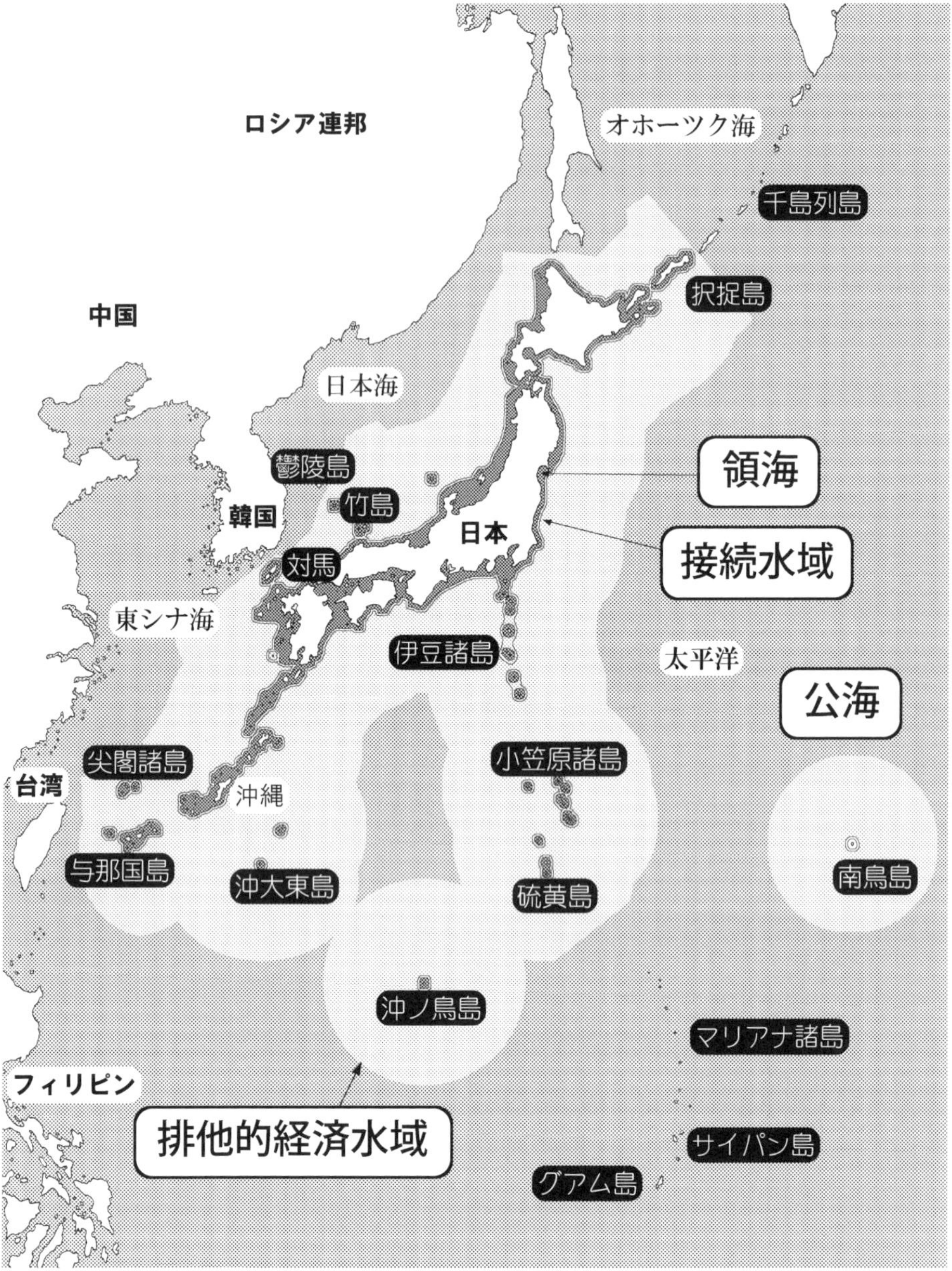
ロシア連邦
オホーツク海
千島列島
択捉島
中国
日本海
鬱陵島
竹島
韓国
日本
領海
接続水域
対馬
東シナ海
伊豆諸島
太平洋
公海
小笠原諸島
尖閣諸島
台湾
沖縄
与那国島
沖大東島
硫黄島
南鳥島
沖ノ鳥島
マリアナ諸島
フィリピン
排他的経済水域
サイパン島
グアム島

はじめに

日本《にっぽん》の子《こ》どもたちが、自分《じぶん》の国《くに》に誇《ほこ》りを持《も》って生《い》きていけるように、私《わたし》たち大人《おとな》は、親《おや》は、一人《ひとり》ひとりが、もっとできることがあるはずだ。そんな思《おも》いを込《こ》めてこの本《ほん》を書《か》きました。

どこの国《くに》でも、子《こ》どもは親《おや》にとって何《なに》よりも大切《たいせつ》な宝《たから》です。また、親《おや》は誰《だれ》でも、子《こ》どもがすくすくと元気《げんき》に成長《せいちょう》し、自分《じぶん》の夢《ゆめ》を実現《じつげん》して幸《しあわ》せに暮《く》らしてほしい、できることなら国《くに》のために役立《やくだ》てるような人《ひと》になってほしいと願《ねが》っています。

ところが、日本《にっぽん》には心配《しんぱい》なことがたくさんあります。東北《とうほく》の大地震《おおじしん》で大《おお》きな被害《ひがい》を受《う》けた地域《ちいき》のことや、福島《ふくしま》の原子力発電所《げんしりょくはつでんしょ》の放射能《ほうしゃのう》のこと、国《くに》の巨額《きょがく》な借金《しゃっきん》、そして子《こ》どもたち自身《じしん》に直接関係《ちょくせつかんけい》のあるいじめのことなど、難《むずか》しい問題《もんだい》がたくさんです。

どれも簡単《かんたん》に解決《かいけつ》できることではありません。しかし大人《おとな》たちは、子《こ》どもたちの世代《せだい》に先送《さきおく》りしないで済《す》むように、問題《もんだい》に真剣《しんけん》に向《む》き合《あ》い、考《かんが》え、行動《こうどう》しなければならないと思《おも》います。

領土問題《りょうどもんだい》も、その一《ひと》つです。

今《いま》、日本《にっぽん》は、中国《ちゅうごく》、韓国《かんこく》、ロシアと、領土《りょうど》・領海《りょうかい》の問題《もんだい》があり、とても難《むずか》しい状況《じょうきょう》にあります。特《とく》に中国《ちゅうごく》、韓国《かんこく》とは、お互《たが》いに話《はな》し合《あ》うこともできないほど関係《かんけい》が悪《わる》くなり、これから先《さき》しばらくはどうにもならないと言《い》う専門家《せんもんか》も少《すく》なくありません。

でも、「領土《りょうど》・領海《りょうかい》のことは難《むずか》しい」と言《い》って放《ほお》っておくことはできません。国《くに》と国《くに》の関係《かんけい》は、将来《しょうらい》の子《こ》どもたちに深《ふか》くかかわってきますし、何《なに》よりも今《いま》、日本《にっぽん》の子《こ》どもたちが中国《ちゅうごく》や韓国《かんこく》の日本《にっぽん》に対《たい》する発言《はつげん》や行動《こうどう》を見《み》て「日本《にっぽん》ってどんな国《くに》なの？　そんなに日本《にっぽん》はひどい国《くに》なの？」と大《おお》きな不安《ふあん》、疑問《ぎもん》を持《も》っています。中《なか》には、日本人《にっぽんじん》であることに負《お》い目《め》のようなものを感《かん》じている子《こ》もいるようです。

そんな子《こ》どもたちを、親《おや》は、大人《おとな》はきちんと受《う》け止《と》め、説明《せつめい》してあげる責任《せきにん》があると思《おも》います。ただ、領土《りょうど》・領海《りょうかい》の問題《もんだい》は、簡単《かんたん》に言《い》えば「考《かんが》え方《かた》の違《ちが》う国《くに》どおし」の土地《とち》（海域《かいいき》）の取《と》り合《あ》いです。そのため、流《なが》される情報《じょうほう》はさまざまで、残念《ざんねん》ながらウソが入《い》り混《ま》じっている可能性《かのうせい》もあります。そんな中《なか》で、親《おや》は子《こ》どもたちに、どのようなことを教《おし》えてあげればいいのでしょうか。

私《わたし》が考《かんが》えたのは、「教《おし》えてあげる」のではなく、「子《こ》どもと一緒《いっしょ》に考《かんが》える」ことです。簡単《かんたん》に一《ひと》つの意《い》見《けん》を取《と》り入《い》れるのではなく、できるだけたくさんの情報《じょうほう》を調《しら》べ、多《おお》くの人《ひと》の意見《いけん》に耳《みみ》を傾《かたむ》け、本当《ほんとう》のことは何《なん》なのかを知《し》ろうとする姿勢《しせい》こそが大事《だいじ》ではないかと思《おも》います。

はじめに

この本《ほん》も、日本《にっぽん》の外務省《がいむしょう》の考《かんが》え方《かた》を中心《ちゅうしん》にし、新聞《しんぶん》や雑誌《ざっし》、さまざまな専門家《せんもんか》の書籍《しょせき》、インターネットなど、たくさんの情報《じょうほう》を参考《さんこう》にまとめました。逆《ぎゃく》に、誰《だれ》か特定《とくてい》の専門家《せんもんか》の意見《いけん》を重視《じゅうし》して取《と》り入《い》れたようなことはありませんし、まして一《ひと》つの意見《いけん》を押《お》し付《つ》けるようなものではありません。

言《い》い換《か》えると、日本《にっぽん》に住《す》んでいる普通《ふつう》の人《ひと》が、あまり苦労《くろう》せずに集《あつ》められる程度《ていど》の情報《じょうほう》を元《もと》に、子《こ》どもたちが領土《りょうど》・領海《りょうかい》を考《かんが》えるときの参考《さんこう》にしてほしいと願《ねが》ってまとめたものです。ぜひ、家族《かぞく》みなさんで読《よ》んでいただき、自分《じぶん》はどう考《かんが》えるか話《はな》し合《あ》っていただければと思《おも》います。

また、できれば中国《ちゅうごく》、韓国《かんこく》、ロシアの子《こ》どもたちや親《おや》にも読《よ》んでいただき、日本《にっぽん》の子《こ》ども、親《おや》と意見《いけん》を交換《こうかん》するきっかけになり、それが国《くに》どおしのいい関係《かんけい》につながっていけばいい……。子《こ》どもたちの豊《ゆた》かな可能性《かのうせい》を思《おも》うとき、こんな私《わたし》の考《かんが》えも実現《じつげん》するのではないかと思《おも》っています。

2013（平成《へいせい》25）年《ねん》9月《がつ》　武内《たけうち》　胡桃《くるみ》

本書《ほんしょ》の企画《きかく》を立《た》ち上《あ》げ執筆《しっぴつ》するきっかけをつくってくださった編集者《へんしゅうしゃ》の西山世司彦《にしやまよしひこ》さんをはじめ、「ハート出版《しゅっぱん》」の皆《みな》さまに、この場《ば》をお借《か》りして心《こころ》より御礼申《おれいもう》し上《あ》げます。

尖閣・竹島・北方領土　どうなるの？ 日本の領土――ゆかちゃんの学習ノート――　もくじ

《登場《とうじょう》人物《じんぶつ》紹介《しょうかい》》

由香ちゃん＝小学校五年生の女の子。得意な科目は算数。放課後は、幼稚園のときから続けているサッカーに夢中で、将来は「なでしこジャパン」に入って、世界で活躍できるサッカー選手になるのが夢。そのため英語の勉強も一生懸命取り組んでいる。

お父さん　＝42歳のサラリーマン。真面目な性格でいろいろなことをよく知っている。

お母さん　＝39歳の主婦。昼間はパートで働いている。友達が多く海外のことに詳しい。

☆一章《じょう》☆

領土《りょうど》ってなぁに？

ワー
ワー
お父さん
中国の人
怖いね
何に怒っているの？
日本には尖閣諸島っていう島があるの
その島を日本の政府が元の持ち主の日本人から買い取って政府のものにしたの
だけど中国が尖閣諸島は自分たちの領土だって怒っているのよ

そうなの？
それじゃあ日本が
中国の領土を
とっちゃったの？
そうじゃ
ないよ
だけど
日本の政府や学校は
領土問題のことを
ちゃんと伝えて
こなかったからなぁ
うん！　よく
わからないよ
領土問題は
その国の存在や
尊厳にもかかわる
大切なことだよ
日本人なのに
日本のことを
知らなかったら
世界で通用
しないんだ
ええ
困る！
わたし、大好きな
サッカーで、世界で
活躍するのが
夢なんだよ
WORLD
じゃあ、これから
日本の領土問題の
ことを一緒に
考えてみようか？
賛成！

領土《りょうど》について考《かんが》える前《まえ》に

「しかし、この前《まえ》のテレビの中国《ちゅうごく》のニュースはひどかったね。あれほど乱暴《らんぼう》なデモは、少《すく》なくても先進諸国《せんしんしょこく》じゃありえない。今《いま》でも日本《にっぽん》の自動車《じどうしゃ》やいろいろな製品《せいひん》が中国《ちゅうごく》で売《う》れなくなったし、中国《ちゅうごく》にある日本《にっぽん》の会社《かいしゃ》のなかには、中国《ちゅうごく》での仕事《しごと》を少《すく》なくしたり、中国《ちゅうごく》から他《ほか》の国《くに》に引《ひ》っ越《こ》そうというところも出《で》てきているみたいだ。当然《とうぜん》だろうね。お父《とう》さんの会社《かいしゃ》の取引先《とりひきさき》の人《ひと》も、中国《ちゅうごく》での仕事《しごと》は気《き》が進《すす》まないって言《い》ってたよ。

日本《にっぽん》の政府《せいふ》は民主党《みんしゅとう》から自民党《じみんとう》に変《か》わって、中国《ちゅうごく》との関係《かんけい》がどうなるかわからないけれど、どちらにしても、中国《ちゅうごく》との関係《かんけい》が良《よ》くなるにはまだ長《なが》い時間《じかん》がかかりそうだね」

由香《ゆか》ちゃんが、少《すこ》し考《かんが》えこむような顔《かお》をして言《い》いました。

「中国《ちゅうごく》が尖閣諸島《せんかくしょとう》を自分《じぶん》たちのものだって言《い》ってることはわかったけど、わたしとしては、あんなに広《ひろ》い土地《とち》がある中国《ちゅうごく》なのに、尖閣諸島《せんかくしょとう》みたいな小《ちい》さな島《しま》を欲《ほ》しがるのは不思議《ふしぎ》だな」

「島《しま》が自分《じぶん》の国《くに》のものだと、島《しま》の周囲《しゅうい》の海《うみ》で魚介類《ぎょかいるい》を獲《と》ることができるし、海底《かいてい》の資源《しげん》を開発《かいはつ》する権利《けんり》もあるんだよ。中国《ちゅうごく》が尖閣諸島《せんかくしょとう》を中国《ちゅうごく》のものだと言《い》ってきたのは、尖閣諸島《せんかくしょとう》の海底《かいてい》に原油《げんゆ》とか資源《しげん》がたくさん埋蔵《まいぞう》されていると言《い》われてからなんだ。実際《じっさい》は、先《さき》に台湾《たいわん》が主張《しゅちょう》して、中国《ちゅうごく》がそのあとなんだけどね。

それに由香《ゆか》には少《すこ》し難《むずか》しいかもしれないけど、中国《ちゅうごく》では資源《しげん》のこと以外《いがい》にも、国《くに》としてもっと基本的《きほんてき》なことがあるんだよ。簡単《かんたん》に言《い》えば、中国《ちゅうごく》は自分《じぶん》たちの領土《りょうど》をできるだけ広《ひろ》げようとしているんだ。あとで詳《くわ》しく話《はな》すけれど、中国《ちゅうごく》はどんどん海《うみ》にも出《で》て行《い》こうとしているんだよ。たとえば、尖閣諸島《せんかくしょとう》に基地《きち》を造《つく》ることができれば、そこから船《ふね》が外《そと》の海《うみ》に出《で》て行《い》きやすくなって都合《つごう》がいい。だから、尖閣諸島《せんかくしょとう》がすごく欲《ほ》しいんだよ。

中国《ちゅうごく》は、陸地《りくち》でも隣《とな》り合《あ》う国《くに》のほとんどと争《あらそ》いを起《お》こしているし、海《うみ》では、尖閣諸島《せんかくしょとう》のある東《ひがし》シナ海《かい》のほか、もっと先《さき》の南《みなみ》シナ海《かい》でベトナムやインドネシア、マレーシア、フィリピンなどと争《あらそ》いながら領土《りょうど》、領海《りょうかい》を広《ひろ》げようとしているんだ」

「それじゃ、アジアの国《くに》には日本《にっぽん》と同《おな》じ立場《たちば》の国《くに》がたくさんあるってことだよね。でも、本当《ほんとう》に領土問題《りょうどもんだい》って難《むずか》しいんだね。日本《にっぽん》はどうすればいいの？」

「今言《いまい》ったことと別《べつ》に、ちょっと難《むずか》しいけれど、国《くに》にとって何《なに》よりも大切《たいせつ》なことがあるんだ。尖閣諸島《せんかくしょとう》の話《はなし》の前《まえ》に、いくつか大事《だいじ》なことがあるので、そこから話《はなし》を進《すす》めることにしよう」

国《くに》として大切《たいせつ》なこと

「最初《さいしょ》に由香《ゆか》に知《し》っておいてほしいのが、『国《くに》の三要素《さんようそ》』ということなんだ。領土問題《りょうどもんだい》は、この三《みっ》つの要素《ようそ》と関係《かんけい》することなので、どの国《くに》も譲《ゆず》れなくなるんだよ」

由香《ゆか》ちゃんが少《すこ》し難《むずか》しそうな顔《かお》をして言《い》いました。

「国《くに》の三要素《さんようそ》って何《なに》？」

「国《くに》の三要素《さんようそ》というのは、『領土《りょうど》』、『国民《こくみん》』、『主権《しゅけん》』のこと。この三《みっ》つの要素《ようそ》がはっきりしていないと、世界中《せかいじゅう》で国《くに》として認《みと》められないんだ。四要素《よんようそ》という考《かんが》え方《かた》もあって、この場合《ばあい》は『主権《しゅけん》』を実行《じっこう》するための『政府《せいふ》』が加《くわ》わるんだ」

お母《かあ》さんが話《はなし》をしました。

「自分《じぶん》たちの家《いえ》に当《あ》てはめて考《かんが》えればわかりやすいかもしれないわね。まず領土《りょうど》は、この家《いえ》と庭《にわ》、それとお父《とう》さんがお祖父《じい》ちゃんからもらった田舎《いなか》の土地《とち》や畑《はたけ》も入《はい》るわね。国民《こくみん》は私《わたし》たち家《か》族《ぞく》のこと。そして、主権《しゅけん》というのは、家族《かぞく》でいろんなことを自由《じゆう》に決《き》める権利《けんり》のことね。例《たと》えば、他《ほか》の家《いえ》の人《ひと》の意見《いけん》に従《したが》って生活《せいかつ》するようなことはないでしょう？　実際《じっさい》には知《し》らない人《ひと》が『こういうふうに生活《せいかつ》しなさい』なんて言《い》ってくることはないけどね。

それと『政府《せいふ》』は、この家族《かぞく》ではお父《とう》さんとお母《かあ》さんのことと考《かんが》えてもらえばいいかな。大事《だいじ》な家族《かぞく》のことは、お父《とう》さんとお母《かあ》さんが話《はな》し合《あ》って決《き》めているでしょう。由香《ゆか》はまだ小学生《しょうがくせい》だから、大事《だいじ》なことは判断《はんだん》できないし、法律的《ほうりつてき》にも未成年《みせいねん》だからね」

「そうか、それならわたしにもわかりやすいよ。尖閣諸島《せんかくしょとう》は遠《とお》く離《はな》れているから、家《いえ》で例《たと》えれば田舎《いなか》の土地《とち》って考《かんが》えればいいんだね。その土地《とち》に他《ほか》の家《いえ》の人《ひと》がやって来《き》て、土地《とち》は自分《じぶん》たちのものだから返《かえ》せって言《い》ってきているのと同《おな》じなんだ」

お父《とう》さんが笑顔《えがお》でお母《かあ》さんの話《はなし》を受《う》けて話《はな》し始《はじ》めました。

「そういうこと。いちばんの問題《もんだい》は、中国《ちゅうごく》が無理《むり》なことを言《い》い続《つづ》けて引《ひ》かないことだけど、これまでの日本《にっぽん》の政府《せいふ》も悪《わる》い点《てん》があったと思《おも》うよ。詳《くわ》しいことはあとで話《はな》すけど、日本政府《にっぽんせいふ》は、尖閣諸島《せんかくしょとう》のことを、あまり触《ふ》れないようにしてきた。それに遠《とお》い島《しま》だから、日本人《にっぽんじん》もあまり関心《かんしん》がなかったと思《おも》うよ。漁師《りょうし》さんたちは魚《さかな》を獲《と》りに行《い》きたいから、関心《かんしん》が高《たか》かったけどね」

「わたしは、そんな島《しま》があることも知《し》らなかった。でも、東京《とうきょう》の前《まえ》の都知事《とちじ》、石原慎太郎《いしはらしんたろう》さんが『東京都《とうきょうと》で尖閣諸島《せんかくしょとう》を買《か》います』って言《い》い始《はじ》めたのはどうしてなの？」

「中国《ちゅうごく》が尖閣諸島周辺《せんかくしょとうしゅうへん》に、どんどん調査船《ちょうさせん》を出《だ》すようになったり、中国《ちゅうごく》の政治家《せいじか》が尖閣諸島《せんかくしょとう》は中国《ちゅうごく》のものだと発言《はつげん》することが多《おお》くなったんだけど、それは、日本《にっぽん》が尖閣諸島《せんかくしょとう》を実効支配《じっこうしはい》している力《ちから》を弱《よわ》めて、少《すこ》しずつ中国《ちゅうごく》のものにしていこうと考《かんが》えているからなんだ。それがはっきりしてきたのに、国《くに》がなにもしないので、石原《いしはら》さんが、そのままでは中国《ちゅうごく》に尖閣諸島《せんかくしょとう》がとられてしまうと考《かんが》えて東京《とうきょう》で買《か》うことにしたんだよ」

「実効支配《じっこうしはい》ってどういう意味《いみ》？」

「漢字《かんじ》を見《み》ればわかるように、実際《じっさい》に尖閣諸島《せんかくしょとう》を支配《しはい》しているってことだよ。尖閣諸島《せんかくしょとう》の一定《いってい》の範囲《はんい》の海《うみ》も日本《にっぽん》の領海《りょうかい》なので、他《ほか》の国《くに》の船《ふね》が無断《むだん》で入《はい》ってくるようなことはできないし、仮《かり》に入《はい》ってきたら出《で》ていくように言《い》える。日本《にっぽん》は周囲《しゅうい》が海《うみ》なので、海《うみ》の境界《きょうかい》を守《まも》ることになるけれど、今《いま》は海上保安庁《かいじょうほあんちょう》の船《ふね》が守《まも》っているんだ。

中国《ちゅうごく》は、一《ひと》つの目的《もくてき》を達成《たっせい》するためには、何十年《なんじゅうねん》もかけて、少《すこ》しずつ取《と》り組《く》んでくることがある。尖閣諸島《せんかくしょとう》についても、中国《ちゅうごく》は日本《にっぽん》の反応《はんのう》を見《み》ながら、強《つよ》く出《で》たり引《ひ》いたりを繰《く》り返《かえ》して

きた。そして尖閣諸島《せんかくしょとう》について、どんどん強《つよ》く出《で》てくるようになった。日本《にっぽん》の経済《けいざい》が弱《よわ》くなってきたことと、逆《ぎゃく》に中国《ちゅうごく》が豊《ゆた》かになって自信《じしん》を持《も》ってきたのも理由《りゆう》の一《ひと》つだと思《おも》うよ。

中国《ちゅうごく》が出《で》てくるようになっても、日本《にっぽん》の政府《せいふ》は『尖《せん》閣諸島《かくしょとう》は日本《にっぽん》固有《こゆう》の領土《りょうど》』と言《い》うだけで、ほとんど何《なに》もしないできた。そこで石原《いしはら》さんは、尖閣諸島《せんかくしょとう》を所有《しょゆう》していた埼玉《さいたま》に住《す》んでいる人《ひと》から東京都《とうきょうと》が買《か》って、日《に》本《っぽん》の領土《りょうど》を守《まも》ろうとしたんだ。東京都《とうきょうと》で買《か》って、漁師《りょうし》さんのために島《しま》に船着《ふなつ》き場《ば》を造《つく》ったり、灯台《とうだい》をきちんと造《つく》ったりしようということでね。

石原《いしはら》さんがそのことを発表《はっぴょう》したら、日本中《にっぽんじゅう》から、尖《せん》閣諸島《かくしょとう》を買《か》うための募金《ぼきん》がたくさん集《あつ》まった。でも、実際《じっさい》に東京都《とうきょうと》に買《か》われたら、船着《ふなつ》き場《ば》や灯台《とうだい》を造《つく》って中国《ちゅうごく》を刺激《しげき》する。それを恐《おそ》れた当時《とうじ》の民主党政権《みんしゅとうせいけん》が、慌《あわ》てて国《くに》で買《か》うことにして、中国《ちゅうごく》には『何《なに》もしませんから』というメッセージを送《おく》ったんだ」

国《くに》の誇《ほこ》り

「でも、日本《にっぽん》の領土《りょうど》なら、どうしてそんなに遠慮《えんりょ》しなきゃならないの？　石原《いしはら》さんの言《い》うことは正《ただ》しいと思《おも》うけど……」

「それが、お父《とう》さんがいちばん言《い》いたいことなんだよ。相手《あいて》はどうあれ、自分《じぶん》の立場《たちば》、意見《いけん》をきちんと相手《あいて》に伝《つた》えることが大事《だいじ》ということなんだ。意思《いし》を伝《つた》えてきちんと行動《こうどう》もとること、それが国《くに》として何《なに》よりも大切《たいせつ》だと思《おも》うし、それが国《くに》の誇《ほこ》りを守《まも》ることだと思《おも》うね。その意味《いみ》では、お父《とう》さんはもちろんすべてじゃないけれど、石原《いしはら》さんに賛成《さんせい》だな」

「国《くに》の誇《ほこ》りってどんなこと？　それもわたしには少《すこ》しわかりにくいな」

「そうだね、まず日本人《にっぽんじん》が日本《にっぽん》のことを素晴《すば》らしい国《くに》だと思《おも》えて、日本人《にっぽんじん》であることに自信《じしん》を持《も》てることかな。同時《どうじ》に、他《ほか》の国《くに》からも、日本《にっぽん》は立派《りっぱ》な国《くに》だと尊敬《そんけい》されるような国《くに》になること。そんなことが国《くに》の誇《ほこ》りになると思《おも》うよ。なかなか説明《せつめい》するのが難《むずか》しいけれどね」

お母《かあ》さんが少《すこ》し心配《しんぱい》そうな顔《かお》をして言《い》いました。

「ただ、石原《いしはら》さんは少《すこ》し乱暴《らんぼう》な言《い》い方《かた》をするから、ちょっと不安《ふあん》もあるわね。尖閣諸島《せんかくしょとう》に中国《ちゅうごく》の船《ふね》が入《はい》ってきたら体当《たいあ》たりしてでも追《お》い払《はら》えばいいなんて言《い》ってたし」

「普通《ふつう》、領海《りょうかい》に無断《むだん》で他《ほか》の国《くに》の船《ふね》が入《はい》ったときには、まず停船命令《ていせんめいれい》を出《だ》して、従《したが》わないときには追《お》いかけて行《い》って停《と》めて、船《ふね》に乗《の》り込《こ》んで調《しら》べることができるんだ。でも、たとえば竹島《たけしま》を不法《ふほう》に占拠《せんきょ》している韓国《かんこく》は、昔《むかし》、竹島《たけしま》に近《ちか》づいた日本《にっぽん》の漁師《りょうし》さんを銃撃《じゅうげき》して命《いのち》を奪《うば》ったこともあるし、捕《つか》まえたこともある。今《いま》は、日本《にっぽん》の漁師《りょうし》さんたちは怖《こわ》いので竹島《たけしま》には近《ちか》づかないけれど、万一《まんいち》、近《ちか》づいたら、昔《むかし》と同《おな》じようになる可能性《かのうせい》もあるよ。

ロシアに奪《うば》われたままの北方四島《ほっぽうよんとう》でも、北海道《ほっかいどう》の漁師《りょうし》さんがロシアの国境警備艇《こっきょうけいびてい》から銃撃《じゅうげき》されることは何度《なんど》もあったし、昔《むかし》、当時《とうじ》のソ連《れん》の警備艇《けいびてい》からの銃撃《じゅうげき》で亡《な》くなった人《ひと》もいる。捕《つか》まって何年《なんねん》も日本《にっぽん》に帰《かえ》ってこれなかった漁師《りょうし》さんも少《すく》なくないんだ。だから日本《にっぽん》の漁師《りょうし》さんは、北方四島《ほっぽうよんとう》には絶対《ぜったい》に近《ちか》づかないように注意《ちゅうい》している」

話《はなし》を聞《き》いていた由香《ゆか》ちゃんが、真剣《しんけん》な表情《ひょうじょう》を浮《う》かべながらたずねました。

「そんなに乱暴《らんぼう》なことをしてもいいの？　尖閣諸島《せんかくしょとう》では、日本《にっぽん》が中国《ちゅうごく》の船《ふね》を攻撃《こうげき》したようなことはあるの?」

「いや、ないよ。少《すく》なくとも日本《にっぽん》を含《ふく》めた法治国家《ほうちこっか》では、国際法《こくさいほう》や海洋法上《かいようほうじょう》のルールにきちんと従《したが》っているから、いきなり相手《あいて》を銃撃《じゅうげき》をするようなことはない。そんな乱暴《らんぼう》なことは許《ゆる》されないよ。

ただし、相手《あいて》がどうしても停船命令《ていせんめいれい》に従《したが》わないときには、どこまでも追《お》いかけて行《い》くことが認《みと》められている。このルールは、実《じつ》は船《ふね》が海賊船《かいぞくせん》の場合《ばあい》を想定《そうてい》したもので、もし、相手《あいて》が銃撃《じゅうげき》してきたようなときには正当防衛《せいとうぼうえい》の意味《いみ》で、こちらも銃撃《じゅうげき》できる。

日本《にっぽん》では、昔《むかし》、日本《にっぽん》の巡視船《じゅんしせん》が、奄美大島《あまみおおしま》の先《さき》の東《ひがし》シナ海《かい》で、正体不明《しょうたいふめい》の船《ふね》を停《と》めようとして攻撃《こうげき》を受《う》けて、正当防衛《せいとうぼうえい》で銃撃《じゅうげき》したことがあった。その船《ふね》は結局走行《けっきょくそうこう》できなくなって、乗《の》っていた人《ひと》は証拠《しょうこ》を隠《かく》すためにか自爆《じばく》して、全員亡《ぜんいんな》くなったけれどね。この船《ふね》は北朝鮮《きたちょうせん》の特殊工作船《とくしゅこうさくせん》か、麻薬密輸《まやくみつゆ》の船《ふね》だったと言《い》われているんだ」

静《しず》かに聞《き》いていたお母《かあ》さんが言《い》いました。

「難《むずか》しいわよね。領土問題《りょうどもんだい》は一歩間違《いっぽまちが》えると戦争《せんそう》になってしまうから。それが怖《こわ》いな。だからと言《い》って何《なに》も言《い》わないのも悔《くや》しいし……」

「繰《く》り返《かえ》すけれど、正《ただ》しいことはきちんと言《い》わなきゃいけないよ。日本人《にっぽんじん》は昔《むかし》から、相手《あいて》の気持《きも》ちを考《かんが》えて言《い》いたいことを我慢《がまん》したり、言《い》い方《かた》を変《か》えてやさしく伝《つた》えるところがある。時《とき》には、あいまいな言葉《ことば》になることも多《おお》い。争《あらそ》いをできるだけ避《さ》けようとする気持《きも》ちが他《ほか》の国《くに》の人《ひと》よりも強《つよ》いかもしれない。これは、日本人《にっぽんじん》のとっても素晴《すば》らしいところだとお父《とう》さんは思《おも》っているし、日本人《にっぽんじん》はやさしい国民《こくみん》だと理解《りかい》してくれる外国《がいこく》の人《ひと》も増《ふ》えてきた。

まだ覚《おぼ》えているだろうけど、東日本大震災《ひがしにっぽんだいしんさい》のとき、災害《さいがい》にあった人《ひと》たちが静《しず》かに、一生懸命《いっしょうけんめい》に助《たす》け合《あ》ったのを見《み》たたくさんの外国《がいこく》の人《ひと》たちが、日本人《にっぽんじん》のことを素晴《すば》らしいとほめてくれたよね。この大地震《だいじしん》で、世界《せかい》の人《ひと》が日本人《にっぽんじん》を見《み》る目《め》が変《か》わったとさえ言《い》われているんだ。もちろんいいほうにね。

ただ、自分《じぶん》は我慢《がまん》してでも相手《あいて》のことを優先《ゆうせん》するようなやさしさとか、はっきりしない言《い》い方《かた》は、日《にっ》本人《ほんじん》どおしだとお互《たが》いに理解《りかい》しあえるかもしれないけれど、他《ほか》の国《くに》との付《つ》き合《あ》い方《かた》では誤解《ごかい》されることも多《おお》いんだ。特《とく》に国《くに》どおしで交渉《こうしょう》するようなときには、黙《だま》っていたり、イエス、ノーをはっきり言《い》わないと、自信《じしん》がないんじゃないかとか、相手《あいて》のほうが正《ただ》しいと思《おも》われても仕方《しかた》がなくなってしまう。

もっと言《い》えば、外国《がいこく》では、何《なに》か争《あらそ》い事《ごと》があったとき、本当《ほんとう》に正《ただ》しいかどうかよりも、議論《ぎろん》に勝《か》ったか負《ま》けたかで正《ただ》しいことが決《き》まってしまうことすらあるんだ。

中国《ちゅうごく》は、自分《じぶん》の目的《もくてき》のためには強引《ごういん》なことをやって、相手《あいて》の反応《はんのう》を見《み》て、そこで何《なに》も反論《はんろん》されなかったら、もっと強引《ごういん》に出《で》てくる国《くに》だと言《い》ってる人《ひと》もいる。きちんと反論《はんろん》して行動《こうどう》しないと、じりじりと、どこまでも出《で》てくる国《くに》だっていうことだね。

お母《かあ》さんの言《い》うように、戦争《せんそう》になるかもしれないっていう心配《しんぱい》をする声《こえ》はあるけれど、怖《こわ》いから何《なに》も言《い》わないと、そのまま中国《ちゅうごく》の主張《しゅちょう》が通《とお》ってしまいかねない。例《たと》えば、中国《ちゅうごく》には、尖閣《せんかく》諸島《しょとう》どころか沖縄《おきなわ》も昔《むかし》から中国《ちゅうごく》のものだって主張《しゅちょう》する人《ひと》もいる。だから、尖閣諸島《せんかくしょとう》で何《なに》も日本《にっぽん》が行動《こうどう》しないと、知《し》らない間《あいだ》に中国《ちゅうごく》の領土《りょうど》に組《く》み込《こ》まれて、次《つぎ》は沖縄《おきなわ》も中国《ちゅうごく》の領土《りょうど》だと主張《しゅちょう》してきてもおかしくない」

お母《かあ》さんが笑《わら》いながら言《い》いました。

「そこまではないでしょう、沖縄《おきなわ》が中国《ちゅうごく》のものだなんて無理《むり》に決《き》まってるもの」

「もちろん、普通《ふつう》はあり得《え》ないよ。だけど、中国《ちゅうごく》は、そういう国際社会《こくさいしゃかい》の常識《じょうしき》で判断《はんだん》できないところもあるんだよ。事実《じじつ》、アメリカのヒラリー・クリントン前国務長官《ぜんこくむちょうかん》に、中国《ちゅうごく》の関係者《かんけいしゃ》が『中国《ちゅうごく》はハワイ諸島《しょとう》の領有権《りょうゆうけん》を主張《しゅちょう》することもできる』と発言《はつげん》したというニュースがあった。『ハワイも中国領土《ちゅうごくりょうど》だから返《かえ》せ』って中国《ちゅうごく》は主張《しゅちょう》できるぞという脅《おど》しみたいなもんだけどね。それに対《たい》してクリントン国務長官《こくむちょうかん》は、『やるならどうぞ、国際司法裁判所《こくさいしほうさいばんしょ》で判断《はんだん》しましょう。そうなれば困《こま》るのは中国《ちゅうごく》だから』と、堂々《どうどう》と答《こた》えたらしい」

「なに、それ。わたしはハワイ大好《だいす》きだけど、信《しん》じられないね中国《ちゅうごく》って」

「それは一部《いちぶ》の人《ひと》かもしれないけれど、ハワイの領有権《りょうゆうけん》まで口《くち》にするくらいだからね。尖閣諸島《せんかくしょとう》が中国《ちゅうごく》のものだって言《い》うくらいは当然《とうぜん》かもしれない。繰《く》り返《かえ》すけど、尖閣諸島《せんかくしょとう》は国際法上《こくさいほうじょう》からも歴史的《れきしてき》にも何《なに》も問題《もんだい》がない日本《にっぽん》の領土《りょうど》だけれど、中国《ちゅうごく》は、日本《にっぽん》が尖閣諸島《せんかくしょとう》を領土《りょうど》にするずっと昔《むかし》から尖閣諸島《せんかくしょとう》は中国《ちゅうごく》の領土《りょうど》だったと言《い》い出《だ》している」

「じゃあ、日本《にっぽん》は中国《ちゅうごく》に対《たい》してどうすればいいんだろう。わたしにはぜんぜんわからない」

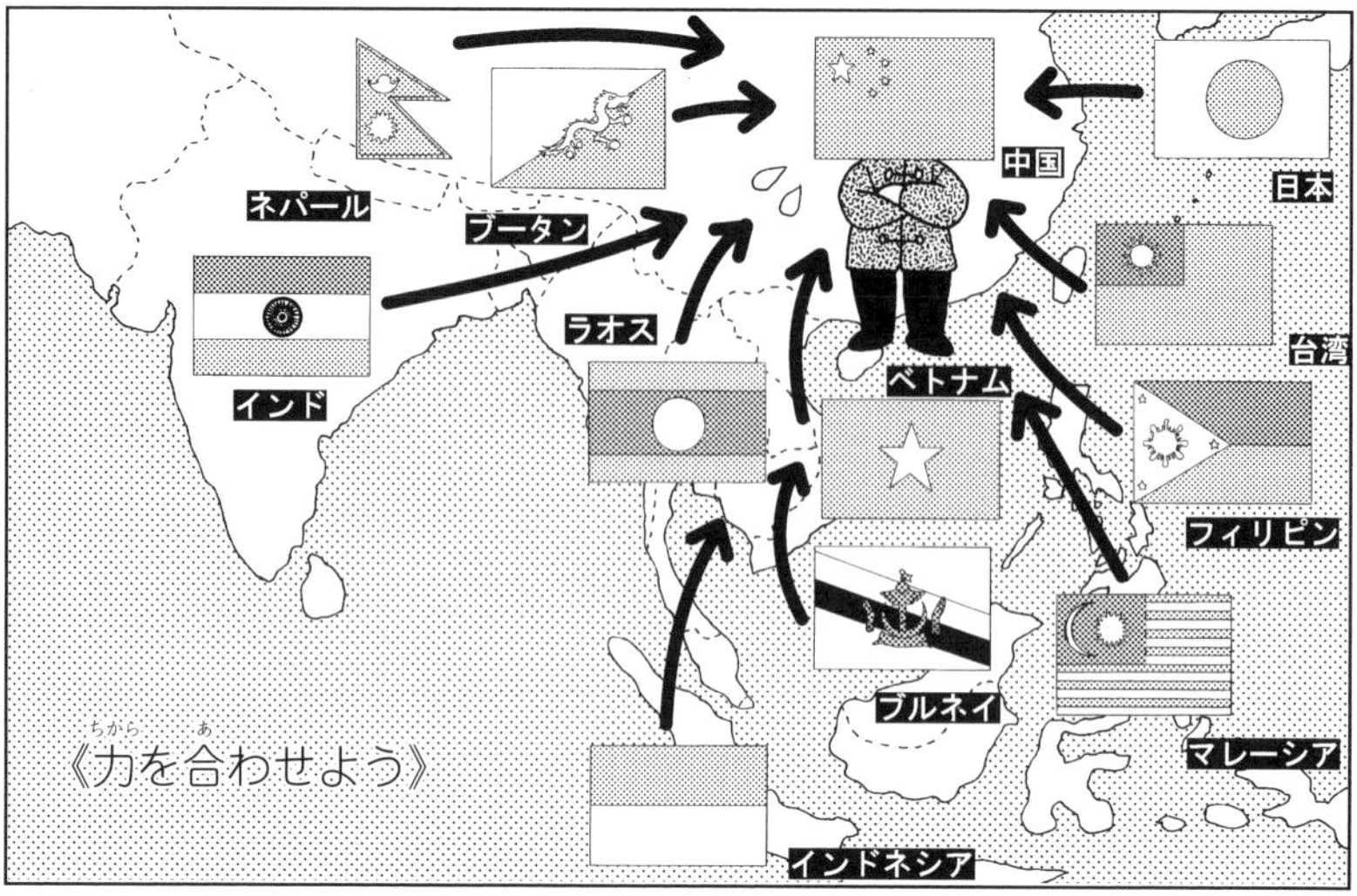

「中国《ちゅうごく》と一対一《いったいいち》じゃなく、他《ほか》の国《くに》と力《ちから》を合《あ》わせて話《はな》し合《あ》うのがいちばんいいと思《おも》うよ。日本《にっぽん》は、どうしても一対一《いったいいち》で向《む》かい合《あ》うことが多《おお》かったけれど、それはいい方法《ほうほう》じゃない。中国《ちゅうごく》は領土《りょうど》や海《うみ》の領有権《りょうゆうけん》、領海《りょうかい》をどんどん広《ひろ》げようとして、今《いま》、他《ほか》のアジアの国《くに》と多《おお》くの争《あらそ》いを起《お》こしている。だから、そういう国《くに》と一緒《いっしょ》になって中国《ちゅうごく》に主張《しゅちょう》していくのがいいんじゃないかと思《おも》う」

考《かんが》え方《かた》の違《ちが》う国《くに》

「次《つぎ》に、考《かんが》え方《かた》の違《ちが》う国《くに》とどう付《つ》き合《あ》えばいいかについても話《はな》したいと思《おも》うんだ。これは由香《ゆか》が意見《いけん》の違《ちが》うクラスメートとどう付《つ》き合《あ》えばいいかという参考《さんこう》にもなると思《おも》うよ。そこで中国《ちゅうごく》はどんな国《くに》かということだけど、何《なに》よりも中国《ちゅうごく》は国全体《くにぜんたい》の考《かんが》え方《かた》が他《ほか》の先進諸国《せんしんしょこく》と違《ちが》う。中国《ちゅうごく》は、民主主義《みんしゅしゅぎ》の国《くに》じゃないということなんだ。由香《ゆか》も、民主主義《みんしゅしゅぎ》については少《すこ》しは知《し》ってるよね。

簡単《かんたん》に言《い》えば、その国《くに》の一人《ひとり》ひとりが自由《じゆう》な考《かんが》えを持《も》つことを互《たが》いに認《みと》め合《あ》うことだね。他《ほか》の人《ひと》の財産《ざいさん》とか生命《せいめい》とか、暮《く》らしとかを混乱《こんらん》させない限《かぎ》り、自由《じゆう》に考《かんが》え、自由《じゆう》に行動《こうどう》することを認《みと》め合《あ》いながら一《ひと》つの国《くに》で生活《せいかつ》している。自由主義《じゆうしゅぎ》、民主主義《みんしゅしゅぎ》の国《くに》では、いろいろな考《かんが》え方《かた》の人《ひと》が選挙《せんきょ》で選《えら》ばれて政治家《せいじか》になっている。だから意見《いけん》の違《ちが》う政治家《せいじか》たちが話《はな》し合《あ》って国《くに》を動《うご》かしている。

でも、中国《ちゅうごく》では、共産党《きょうさんとう》という、考《かんが》え方《かた》の同《おな》じ人《ひと》が集《あつ》まった一《ひと》つの組織《そしき》だけが政治家《せいじか》を決《き》めて、国《くに》を動《うご》かしている社会主義《しゃかいしゅぎ》の国《くに》なんだ。今度《こんど》、中国《ちゅうごく》で新《あたら》しく国《くに》を動《うご》かすいちばん強《つよ》い力《ちから》をもった政治家《せいじか》、指導者《しどうしゃ》に習近平《しゅうきんぺい》という人《ひと》がなったけれど、この人《ひと》も、組織《そしき》から選《えら》ばれた。そして、中国《ちゅうごく》の一般《いっぱん》の人《ひと》は、指導者《しどうしゃ》に従《したが》って生活《せいかつ》している。こういう国《くに》を一党独裁《いっとうどくさい》って言《い》うんだけどね」

「わたしは嫌《いや》だな、そんな自由《じゆう》のない国《くに》で暮《く》らすのは。社会主義《しゃかいしゅぎ》ってどういうこと？」

「簡単《かんたん》に言《い》うと、例《たと》えば土地《とち》や会社《かいしゃ》などは国《くに》のもので、国民《こくみん》みんなが働《はたら》いて得《え》られたものは平《びょう》等《どう》に分《わ》けて生活《せいかつ》しようという考《かんが》え方《かた》なんだ。日本《にっぽん》のような自由主義《じゆうしゅぎ》の国《くに》では、それと反対《はんたい》で、土地《とち》も個人《こじん》で買《か》って自分《じぶん》のものにできるし、会社《かいしゃ》も自由《じゆう》に作《つく》って働《はたら》いて、お金《かね》もうけも自由《じゆう》にできる。だから、お金《かね》がたくさんある豊《ゆた》かな人《ひと》もいるし、そうじゃない人《ひと》もいる。社会主義《しゃかいしゅぎ》は、そんな差《さ》が生《う》まれないようにみんな平等《びょうどう》にすることを目標《もくひょう》にした考《かんが》え方《かた》なんだ。

でも、中国《ちゅうごく》は、自由主義《じゆうしゅぎ》の国《くに》と同《おな》じように、お金《かね》もうけに関《かん》してはある程度自由《ていどじゆう》にしようとしたんだ。だから、今《いま》、中国《ちゅうごく》では自由主義《じゆうしゅぎ》の国以上《くにいじょう》に、お金《かね》をたくさん持《も》っている人《ひと》とそうじゃない人《ひと》の差《さ》が大《おお》きくなってるんだよ。

それに、中国《ちゅうごく》の政治家《せいじか》やお金持《かねも》ちは、自由主義《じゆうしゅぎ》のほうがいいと思《おも》っているようなところもあるんだ。だからヨーロッパやアメリカに自分《じぶん》たちの子《こ》どもを留学《りゅうがく》させたり、土地《とち》を買《か》って家族《かぞく》や親戚《しんせき》を住《す》まわせたりしている人《ひと》も多《おお》い。普通《ふつう》の人《ひと》じゃとても考《かんが》えられない莫大《ばくだい》な財産《ざいさん》も作《つく》ってね。中国《ちゅうごく》を研究《けんきゅう》している専門家《せんもんか》のなかには、将来《しょうらい》、中国《ちゅうごく》が崩壊《ほうかい》したときのために、その準備《じゅんび》をしているんだという人《ひと》もいるよ。いずれ、中国《ちゅうごく》が、いくつかの国《くに》に分裂《ぶんれつ》するだろうと予測《よそく》する人《ひと》も多《おお》いからね」

「それじゃ、中国《ちゅうごく》はどうなるかわからない国《くに》ってことだよね」

由香《ゆか》ちゃんが難《むずか》しそうな顔《かお》をして言《い》いました。

「それはお父《とう》さんにもはっきり言《い》えない。だけど、中国《ちゅうごく》と本当《ほんとう》に仲良《なかよ》く付《つ》き合《あ》うには、中国共産党《ちゅうごくきょうさんとう》と同《おな》じ考《かんが》え方《かた》の国《くに》じゃないと難《むずか》しいかもしれない。代表的《だいひょうてき》なのは同《おな》じ社会主義国家《しゃかいしゅぎこっか》の北朝鮮《きたちょうせん》だね。日本《にっぽん》は、いろいろな意見《いけん》の人《ひと》がいることを認《みと》め合《あ》って、尊重《そんちょう》しようという国《くに》で、そのことを大事《だいじ》にしている民主主義国家《みんしゅしゅぎこっか》、自由主義国家《じゆうしゅぎこっか》だ。これはアメリカやイギリス、フランス、ドイツとか、世界《せかい》の先進国《せんしんこく》と言《い》われている国《くに》はどこも同《おな》じだね。長《なが》い歴史《れきし》を経《へ》て、民主主義《みんしゅしゅぎ》を選《えら》んできた国《くに》だから、社会主義《しゃかいしゅぎ》の中国《ちゅうごく》と付《つ》き合《あ》うのは難《むずか》しい。特《とく》に日本《にっぽん》は、中国《ちゅうごく》と戦争《せんそう》した時代《じだい》もあるし、難《むずか》しいのは事実《じじつ》だね」

「戦争中《せんそうちゅう》に日本軍《にっぽんぐん》が中国《ちゅうごく》でたくさんの人《ひと》の命《いのち》を奪《うば》ったり、苦《くる》しめたと学校《がっこう》で習《なら》ったけど……」

「中国《ちゅうごく》と日本《にっぽん》では、それぞれ公表《こうひょう》している犠牲者《ぎせいしゃ》の数《かず》に大《おお》きな違《ちが》いがあるなど、まだわからないことがあるけれど、戦争《せんそう》では日本軍《にっぽんぐん》だってひどいことをしたのは本当《ほんとう》だよ。ただ、これは決《けっ》して日本軍《にっぽんぐん》の行為《こうい》を弁明《べんめい》するわけではないけれど、戦争《せんそう》というのは、平和《へいわ》なときの人間《にんげん》の考《かんが》え方《かた》や常識《じょうしき》ではとても理解《りかい》できないことばかりだと思《おも》う。どの国《くに》も、戦争中《せんそうちゅう》は、話《はな》せないくらいひどいことをしてきているからね。

中国《ちゅうごく》でも、これは戦争《せんそう》じゃないけれど、毛沢東《もうたくとう》という指導者《しどうしゃ》の時代《じだい》に、同《おな》じ中国《ちゅうごく》の人《ひと》を、考《かんが》え方《かた》が違《ちが》うという理由《りゆう》で信《しん》じられないほど多《おお》くの人《ひと》を虐殺《ぎゃくさつ》したという話《はなし》まである。アメリカでも、このことは調《しら》べられたようだけどね。

それに今中国《いまちゅうごく》の一部《いちぶ》になっているチベットは、もともとは独立《どくりつ》した国《くに》だったんだけど、中国《ちゅうごく》軍《ぐん》が侵攻《しんこう》して武力《ぶりょく》で支配《しはい》し、１２０万人《まんにん》ものチベット人《じん》が殺害《さつがい》されたとされているんだ。チベットと同《おな》じように中国《ちゅうごく》に支配《しはい》されたウイグルでは、46回《かい》もの核実験《かくじっけん》が行《おこな》われて、多《おお》くのウイグル人《じん》が被爆《ひばく》して死《し》んでいるんだ」

だまって聞《き》いていたお母《かあ》さんがお父《とう》さんのほうを見《み》て言《い》いました。

「戦争《せんそう》は絶対《ぜったい》にやっちゃいけないのよ」

「そうだね。ただ、戦争《せんそう》はなぜ起《お》こるかを考《かんが》えると、領土《りょうど》の争《あらそ》いや宗教《しゅうきょう》の違《ちが》いのような具体的《ぐたいてき》なことはあるけれど、お互《たが》いの国《くに》どおしのコミュニケーション、話《はな》し合《あ》いが不足《ふそく》していることが大《おお》きいと思《おも》うんだ。だから国《くに》と国《くに》の関係《かんけい》でも、言《い》いたいことは言《い》い合《あ》って、そこから答《こた》えを見《み》つけていく努力《どりょく》をすること、これが大事《だいじ》だと思《おも》う。ただ、中国《ちゅうごく》や韓国《かんこく》は隣《となり》の国《くに》だけど、どちらの国《くに》も子《こ》どもたちに『日本人《にっぽんじん》は戦争中《せんそうちゅう》に中国人《ちゅうごくじん》や韓国人《かんこくじん》にひどいことをした国《くに》だ、そのことを決《けっ》して忘《わす》れちゃいけない』という教育《きょういく》を続《つづ》けていて、日本人《にっぽんじん》は残虐《ざんぎゃく》な国民《こくみん》だということを信《しん》じ切《き》って、そのまま大人《おとな》になった人《ひと》が多《おお》いんだよ。だから仲良《なかよ》くするのも簡単《かんたん》じゃない。

同《おな》じように戦争《せんそう》が関係《かんけい》した国《くに》でも、台湾《たいわん》は日本《にっぽん》に友好的《ゆうこうてき》な国《くに》だって言《い》われているんだ。尖閣《せんかく》諸島《しょとう》では中国《ちゅうごく》ばかりが話題《わだい》になりがちだけど、実《じつ》は台湾《たいわん》も『尖閣諸島《せんかくしょとう》は自分《じぶん》たちのものだ』って言《い》ってきている。ただ、台湾《たいわん》は中国《ちゅうごく》との関係《かんけい》が複雑《ふくざつ》で、世界《せかい》のなかでも台湾《たいわん》を国《くに》として認《みと》めている国《くに》は少《すく》ない。中国《ちゅうごく》が台湾《たいわん》は中国《ちゅうごく》の一部《いちぶ》で、独立《どくりつ》した国《くに》じゃないと言《い》ってるからね。

台湾《たいわん》は、もともと中国南部《ちゅうごくなんぶ》やベトナムの越族《えつぞく》と呼《よ》ばれる人《ひと》たちが住《す》んでいた島《しま》で、そこに大《たい》戦当時《せんとうじ》中国大陸《ちゅうごくたいりく》を支配《しはい》していた中華民国《ちゅうかみんこく》の国民党《こくみんとう》が、中国共産党《ちゅうごくきょうさんとう》と内戦《ないせん》をして敗《やぶ》れ、逃《に》げてきた。今《いま》の台湾《たいわん》の人《ひと》は、共産党《きょうさんとう》ときっぱり決別《けつべつ》しようと考《かんが》える人《ひと》と、共産党《きょうさんとう》と仲良《なかよ》くしたほうがいいと考《かんが》える人《ひと》の二《ふた》つに大《おお》きく分《わ》かれている。つまり不安定《ふあんてい》な状態《じょうたい》にあると言《い》えるね」

「その台湾《たいわん》が、どうして尖閣諸島《せんかくしょとう》の領有権《りょうゆうけん》を主張《しゅちょう》してきたの」

由香《ゆか》ちゃんの質問《しつもん》に、今度《こんど》はお母《かあ》さんが答《こた》えました。

「台湾《たいわん》は島《しま》の領有権《りょうゆうけん》というよりも、島《しま》の周辺《しゅうへん》で漁業《ぎょぎょう》ができればいいと考《かんが》えているみたいね。台湾《たいわん》は日本《にっぽん》のことを好《す》きな人《ひと》が多《おお》い国《くに》なんだけど、尖閣諸島《せんかくしょとう》の周囲《しゅうい》で台湾《たいわん》の漁師《りょうし》さんがきちんと魚《さかな》を獲《と》れるように日本《にっぽん》と取《と》り決《き》めができれば、領有権《りょうゆうけん》は主張《しゅちょう》しないんじゃないかとも言《い》われてるわ。

尖閣諸島《せんかくしょとう》の周囲《しゅうい》は、とてもいい漁場《ぎょじょう》で、台湾《たいわん》は昔《むかし》から魚《さかな》をたくさん獲《と》っていたから、それを日本《にっぽん》が約束《やくそく》してくれるなら、台湾《たいわん》は尖閣諸島《せんかくしょとう》についてそれ以上《いじょう》のことは望《のぞ》まないっていう意見《いけん》があるのよ。２０１３（平成《へいせい》25）年《ねん》、日本《にっぽん》と台湾《たいわん》は魚《さかな》の獲《と》り方《かた》のルールをまとめたから（日台《にったい》漁業《ぎょぎょう》取《と》り決《き》め）、仲良《なかよ》くやっていければいいわね」

「だけど、どうして台湾《たいわん》は日本《にっぽん》に友好的《ゆうこうてき》な国《くに》だって言《い》われているの？」

「昔《むかし》、日本《にっぽん》が中国《ちゅうごく》、当時《とうじ》の清《しん》と戦争《せんそう》をして勝《か》ったあと、台湾《たいわん》も日本《にっぽん》の領土《りょうど》になったんだよ。つまり台湾《たいわん》は日本《にっぽん》だった時代《じだい》があったんだ。それまで台湾《たいわん》は、中国大陸《ちゅうごくたいりく》からの移民《いみん》ともともと台湾《たいわん》に住《す》んでいた人《ひと》たちが争《あらそ》ったりして、国《くに》がひどい状態《じょうたい》だった。

ところが日本《にっぽん》の領土《りょうど》になってからは、日本《にっぽん》が学校《がっこう》を建《た》てて教育《きょういく》を整備《せいび》したり病院《びょういん》を建《た》てたり、水力発電所《すいりょくはつでんしょ》を作《つく》ったり、日本国内《にっぽんこくない》と同《おな》じようにしようとしたんだ。だから、その頃《ころ》のことを知《し》っている台湾《たいわん》のお年寄《としよ》りたちは、日本《にっぽん》に感謝《かんしゃ》している人《ひと》が多《おお》いんだ。

これだけの募金を集めてくれたのに時の民主党政権は震災一周年の追悼式で台湾の代表を「国の代表」として扱わなかったんだよ
ひどい！失礼にもほどがあるね！

日本《にっぽん》が第二次世界大戦《だいにじせかいたいせん》に負《ま》けたあと、台湾《たいわん》は中華《ちゅうか》民国《みんこく》が統治《とうち》することになったんだけど、中国《ちゅうごく》の軍《ぐん》は日本《にっぽん》と違《ちが》ってひどいことをたくさんやったらしい。だから、中国《ちゅうごく》に比《くら》べてますます日本《にっぽん》の領土《りょうど》だったときは良《よ》かったという声《こえ》が強《つよ》くなったんだよ。これが台湾《たいわん》が親日的《しんにちてき》といわれる理由《りゆう》だね」

お母《かあ》さんが付《つ》け加《くわ》えました。

「ほら、2011（平成《へいせい》23）年《ねん》の東日本大震災《ひがしにっぽんだいしんさい》のとき、台湾《たいわん》は真《ま》っ先《さき》に援助金《えんじょきん》を日本《にっぽん》に送《おく》ってくれて、総額《そうがく》もどの国《くに》よりも多《おお》かったのよ。台湾《たいわん》は九州《きゅうしゅう》と同《おな》じくらいの面積《めんせき》しかないし、台湾《たいわん》の人《ひと》の年収《ねんしゅう》も日本《にっぽん》に比《くら》べるとずいぶんと低《ひく》いのに、日本《にっぽん》への募金《ぼきん》が２５０億円《おくえん》も集《あつ》まったの。この時《とき》も、台湾《たいわん》が親日《しんにち》だということが言《い》われたわね」

自分《じぶん》の意見《いけん》を持《も》つこと

「いろんなことがあって、外国《がいこく》と仲良《なかよ》くするのは難《むずか》しいんだね。わたし、将来《しょうらい》は外国《がいこく》で活躍《かつやく》できる女子《じょし》サッカー選手《せんしゅ》になりたいけど、何《なん》か心配《しんぱい》になってきちゃった」

「そんな心配《しんぱい》はいらないよ。ただ、一《ひと》つ大事《だいじ》なことは、自分《じぶん》の意見《いけん》をしっかり持《も》っていないと、外国《がいこく》では相手《あいて》にされないことがあるということなんだ。ヨーロッパでもアメリカでも、日本《にっぽん》よりも一人《ひとり》ひとりの個性《こせい》が大事《だいじ》にされる傾向《けいこう》がある。そこでは、『その人《ひと》はどういう考《かんが》えの人《ひと》か』ということがいつも判断《はんだん》されるらしい。

お父《とう》さんは、外国暮《がいこくぐ》らしの長《なが》い人《ひと》とか、外国《がいこく》で生活《せいかつ》したことのある人《ひと》の話《はなし》を何人《なんにん》か聞《き》いたけれど、みんな『自分《じぶん》の考《かんが》えをきちんと持《も》っていないと相手《あいて》にされない』と言《い》ってるよ。他《ほか》の人《ひと》と同《おな》じ考《かんが》え方《かた》なら、その人《ひと》の意見《いけん》は聞《き》く必要《ひつよう》はないって受《う》け止《と》められがちなんだ。

これは国《くに》も同《おな》じなんだよ。日本《にっぽん》はアメリカと同盟関係《どうめいかんけい》にあるけれど、昔《むかし》から、日本《にっぽん》は何《なん》でもアメリカと同《おな》じで、独自《どくじ》の考《かんが》え方《かた》のない国《くに》だって言《い》われ続《つづ》けてきた。今《いま》もそう見《み》られているところが残《のこ》ってると思《おも》う。だから、他《ほか》の国《くに》から日本《にっぽん》を見《み》ると、どうせアメリカと同《おな》じ考《かんが》え方《かた》なんだから日本《にっぽん》の意見《いけん》をわざわざ聞《き》く必要《ひつよう》はないと思《おも》われてきたところもある。それに、何《なに》もはっきりした意見《いけん》を世界《せかい》に向《む》けて発表《はっぴょう》しないから『何《なに》を考《かんが》えているかわからない国《くに》』とか『顔《かお》のない国《くに》』なんて言《い》われてきたんだ。

国《くに》じゃなく日本人《にっぽんじん》についても、『あいまいなことしか話《はな》さないし、うす笑《わら》いを浮《う》かべてペコペコおじぎしているだけの人《ひと》』、『自分《じぶん》の意見《いけん》を持《も》たない、よくわからない人《ひと》』という印象《いんしょう》で長《なが》い間《あいだ》受《う》け止《と》められたきたんだ」

「何《なん》か、ひどいイメージだね。わたしも、外国《がいこく》に行《い》けばそう見《み》られるってこと？」

「今《いま》は日本人《にっぽんじん》の印象《いんしょう》もずいぶんと変《か》わったから、昔《むかし》ほど極端《きょくたん》じゃないけれど、昔《むかし》の日本人《にっぽんじん》のイメージしかない人《ひと》からは、ひょっとするとそんな感《かん》じで見《み》られるかもしれないね。少《すく》なくても、今《いま》でも日本人《にっぽんじん》は無口《むくち》で引《ひ》っ込《こ》み思案《じあん》だと思《おも》われているよ。その点《てん》、いい意味《いみ》で、日本人《にっぽんじん》の古《ふる》いイメージを壊《こわ》したのはスポーツ選手《せんしゅ》だと思《おも》うね。アメリカの大《だい》リーグとか、ヨーロッパのサッカーとか、しっかり活躍《かつやく》して自分《じぶん》の考《かんが》えをはっきり持《も》っていて口《くち》にする選手《せんしゅ》が増《ふ》えてきた。現《げん》地《ち》の人《ひと》に愛《あい》される選手《せんしゅ》も多《おお》いしね。それに一流選手《いちりゅうせんしゅ》ほど、日本人《にっぽんじん》としての誇《ほこ》りを持《も》っているよ。

実《じつ》は、お父《とう》さんが尖閣諸島《せんかくしょとう》のことをみんなで話《はな》し合《あ》おうと思《おも》ったのは、繰《く》り返《かえ》すけど、由香《ゆか》が自分《じぶん》の意見《いけん》を持《も》って、誰《だれ》にもわかりやすく、きちんと話《はなし》ができるような人《ひと》になってほしいということもあるんだ。日本人《にっぽんじん》の誇《ほこ》りを持《も》ってね」

「そんな立派《りっぱ》な人《ひと》になれるかな」

由香《ゆか》ちゃんが真剣《しんけん》な顔《かお》で聞《き》きました。

「大丈夫《だいじょうぶ》だよ。尖閣諸島《せんかくしょとう》のことを考《かんが》えることは、すてきな大人《おとな》、外国《がいこく》の人《ひと》から尊敬《そんけい》されるような日本人《にっぽんじん》になるための教材《きょうざい》にもなるはずだよ。言《い》いたいこと、大事《だいじ》なことは三《みっ》つある。

まず一《ひと》つ目《め》は、自分《じぶん》の考《かんが》えをしっかり持《も》つ人《ひと》になってほしいということ。誰《だれ》かの意見《いけん》を聞《き》いて、そのまま全部《ぜんぶ》を自分《じぶん》の意見《いけん》のようにしてしまったり、何《なに》も考《かんが》えずに多《おお》いほうの意見《いけん》の人《ひと》と一緒《いっしょ》になって発言《はつげん》したり、行動《こうどう》するようなことはしないようにということ。逆《ぎゃく》に、相手《あいて》の意見《いけん》をしっかり聞《き》かないで何《なん》となく反対《はんたい》してしまうのもだめだよ。

尖閣諸島《せんかくしょとう》のような特《とく》に大事《だいじ》な問題《もんだい》については、いろんな人《ひと》の意見《いけん》を聞《き》いて、書《か》いてあるものもたくさん読《よ》んで、そこから自分《じぶん》の考《かんが》えをまとめていくことが大事《だいじ》なんだよ。小学生《しょうがくせい》の由香《ゆか》には、まだ難《むずか》しいかもしれないけれど、この考《かんが》え方《かた》は知《し》っておいてほしいな。

周《まわ》りの人《ひと》の意見《いけん》に流《なが》されることに慣《な》れてしまうと、『自分《じぶん》はどう考《かんが》えるか』ではなくて、『誰《だれ》の意見《いけん》が正《ただ》しいと思《おも》うか』ということだけ考《かんが》えるようになってしまう。そうすると、何《なん》となく偉《えら》そうな人《ひと》の意見《いけん》に賛成《さんせい》したり、お金持《かねも》ちだから賛成《さんせい》したほうが得《とく》かもしれないなんて思《おも》い始《はじ》

テレビと新聞と本と
インターネットで
全部違うことを
言っているんだけど
どれを信じればいいの？

めるんだ。そうすると、他人《たにん》の顔色《かおいろ》ばかりうかがって、結局《けっきょく》は自分《じぶん》の考《かんが》えのない人《ひと》になってしまいかねない。自分《じぶん》をなくしてしまうんだよ。

それに、これはしっかり理解《りかい》してもらわなければ困《こま》るけど、お父《とう》さんやお母《かあ》さんの意見《いけん》にも、賛成《さんせい》してもいいし反対《はんたい》してもいい。お父《とう》さんやお母《かあ》さんと意見《いけん》が違《ちが》ってもぜんぜん問題《もんだい》ないし、自分《じぶん》で疑問《ぎもん》を持《も》って調《しら》べて、逆《ぎゃく》にお父《とう》さんやお母《かあ》さんに教《おし》えてくれるようになることを期待《きたい》したいな。

お父《とう》さんやお母《かあ》さんも、知《し》らないことはたくさんあるし、間違《まちが》って思《おも》い込《こ》んでいることもあると思《おも》う。だから、由香《ゆか》には、将来《しょうらい》、逆《ぎゃく》にいろんなことを教《おし》えてもらいたいと思《おも》う。それが由香《ゆか》が大人《おとな》になることだし、それが本当《ほんとう》の家族《かぞく》だとも思《おも》うよ。

大人《おとな》でも、あまり考《かんが》えないで『みんなが言《い》うから正《ただ》しいと思《おも》う』とか、『あの人《ひと》は偉《えら》そうだから』、『お金持《かねも》ちだから』、その意見《いけん》に賛成《さんせい》しておいたほうがいいと言《い》う人《ひと》もたくさんいるんだ。もちろん、それで正《ただ》しいこともあるけれど、間違《まちが》っていることもある。大事《だいじ》なのは、自分《じぶん》の考《かんが》えをきちんと持《も》つことだよ。

もちろん、人《ひと》の言《い》うことを信《しん》じちゃいけない、疑《うたが》ってかかりなさいって言《い》ってるわけじゃないよ。誤解《ごかい》のないようにね。大事《だいじ》なのは、『ほかの人《ひと》の意見《いけん》を疑《うたが》うんじゃなくて、もう少《すこ》し深《ふか》く勉強《べんきょう》してみようと疑問《ぎもん》を持《も》つこと』なんだよ。そうすれば、相手《あいて》の人《ひと》も怒《おこ》ったりはしないはずなんだ。一緒《いっしょ》に考《かんが》えればいいんだからね」

「わたし的《てき》には少《すこ》し難《むずか》しいけど、何《なん》となくわかったような気《き》はするよ」

お父《とう》さんが少《すこ》し笑《わら》いながら話《はなし》を続《つづ》けました。

「二《ふた》つ目《め》は、自分《じぶん》の意見《いけん》をきちんと相手《あいて》に伝《つた》える勇気《ゆうき》を持《も》つこと。これも、子《こ》どものうちから訓練《くんれん》していないと、大人《おとな》になっても何《なに》も言《い》えない人《ひと》になりかねない。少《すく》なくともお父《とう》さんはそう思《おも》う。この点《てん》はお母《かあ》さんも一緒《いっしょ》だと思《おも》うけど」

「お母《かあ》さんも同《おな》じ意見《いけん》よ。自分《じぶん》の意見《いけん》を堂々《どうどう》と言《い》える子《こ》になってほしい。ただ、意見《いけん》を言《い》うときの言葉《ことば》の使《つか》い方《かた》とか、そのときの状況《じょうきょう》はよく考《かんが》えなければいけないと思《おも》う。例《たと》えば、相手《あいて》がものすごく乱暴《らんぼう》な子《こ》だったりしたら、ケンカになって怪我《けが》をさせられるようなことになるかもしれないでしょう？　大人《おとな》しく見《み》える相手《あいて》だって、その人《ひと》のプライドを傷《きず》つけるような言葉《ことば》で意見《いけん》を言《い》えば、誰《だれ》だって嫌《いや》な気持《きも》ちになってしまう。だから、よく考《かんが》えて慎重《しんちょう》に言《い》う必要《ひつよう》はあるわね」

「もちろん、何《なに》がなんでも、いつでもどこでも意見《いけん》を言《い》いなさいなんてことじゃない。特《とく》に相手《あいて》と反対《はんたい》の意見《いけん》を言《い》うときには、相手《あいて》の立場《たちば》を尊重《そんちょう》しなきゃいけないからね。

そして三《みっ》つ目《め》は、今《いま》、お母《かあ》さんが言《い》ったことと関係《かんけい》するんだけれど、できるだけ多《おお》くの人《ひと》の意見《いけん》を聞《き》いたり聞《き》いてもらったりすることなんだ。例《たと》えば由香《ゆか》の意見《いけん》と相手《あいて》の意見《いけん》が違《ちが》って、お互《たが》いに自分《じぶん》のほうが正《ただ》しいというとき、あるよね。そんなとき、二人《ふたり》だけで言《い》い合《あ》っていても、いつまでたっても前《まえ》に進《すす》まなくなってしまう。そこで大切《たいせつ》なのが、他《ほか》の人《ひと》の意見《いけん》を聞《き》くことだよ。いい解決法《かいけつほう》が見《み》つかるかもしれない。

それと、このことと関係《かんけい》して忘《わす》れちゃいけないのが、その国《くに》の政府《せいふ》と国民《こくみん》の考《かんが》え方《かた》がまったく同《おな》じというわけではないということだよ。ひとくくりで「中国《ちゅうごく》の人《ひと》の考《かんが》え方《かた》はこうだ」って思《おも》い込《こ》むようなことがないようにしないとね。中国《ちゅうごく》のデモだって、あんな乱暴《らんぼう》なデモには賛成《さんせい》できないという中国《ちゅうごく》の人《ひと》は多《おお》いんだから」

「だけど、他《ほか》の人《ひと》の意見《いけん》を聞《き》いてもダメだったらどうするの？」

「そんなときは、やっぱりルールに従《したが》って解決《かいけつ》することになるね。すごく基本的《きほんてき》なことだけど、警察《けいさつ》って何《なん》のためにあるかわかるよね。悪《わる》い人《ひと》を捕《つか》まえたり、住《す》んでいる人《ひと》の安全《あんぜん》を守《まも》る役目《やくめ》がある。でも、何《なに》が悪《わる》いことなのか決《き》まっていなければ警察《けいさつ》は動《うご》けないよね。その決《き》まりが法律《ほうりつ》で、スポーツで言《い》えばルールだ。

　国《くに》と国《くに》の争《あらそ》いでは国際法《こくさいほう》という決《き》まりがあって、『国際司法裁判所《こくさいしほうさいばんしょ》』という裁判所《さいばんしょ》に考《かんが》えを聞《き》くことができる。これはあとで詳《くわ》しく話《はな》すけれど、日本《にっぽん》には韓国《かんこく》との間《あいだ》で竹島《たけしま》の問題《もんだい》があって、日本《にっぽん》は、その国際司法裁判所《こくさいしほうさいばんしょ》でどちらが正《ただ》しいか聞《き》いてみようとしているんだ。法律《ほうりつ》の専門用語《せんもんようご》で提訴《ていそ》というんだけどね。そこで結果《けっか》が出《で》たら、それに従《したが》いましょうということ。

　これは国《くに》と国《くに》のルールを世界《せかい》が決《き》めていて、それに従《したが》おうということだから、当然《とうぜん》のことだよね。ただ、国際司法裁判所《こくさいしほうさいばんしょ》に提訴《ていそ》するためには、両方《りょうほう》の国《くに》が同意《どうい》しなければできない。竹島《たけしま》については、肝心《かんじん》の韓国《かんこく》が裁判所《さいばんしょ》に聞《き》くことを拒否《きょひ》しているんだ。お父《とう》さんが思《おも》うには、それだけ自信《じしん》がないからだと思《おも》うけどね。

　尖閣諸島《せんかくしょとう》については、もともと日本《にっぽん》の領土《りょうど》であり実効支配《じっこうしはい》もしているので、争《あらそ》いの問題《もんだい》はないと考《かんが》えている。だから国際司法裁判所《こくさいしほうさいばんしょ》に、少《すく》なくとも日本《にっぽん》のほうから聞《き》いてみようとは思《おも》っていない。ただし、逆《ぎゃく》に中国《ちゅうごく》が国際司法裁判所《こくさいしほうさいばんしょ》に尖閣諸島《せんかくしょとう》のことを出《だ》してきたら、日本《にっぽん》もきちんと反論《はんろん》しますと中国《ちゅうごく》に言《い》ってあるんだ。今《いま》のところ、中国《ちゅうごく》から国際司法裁判所《こくさいしほうさいばんしょ》に提訴《ていそ》するよ

私たちは
逃げも隠れもしない！
どうどうと出てきなさい！
中国、韓国！

うな動《うご》きがないけれど、こちらも自信《じしん》がないからだと思《おも》うよ」

「それならわたしもわかる。ルールは絶対《ぜったい》だし、それを守《まも》らなかったらスポーツはできないものね。だけど、国際司法裁判所《こくさいしほうさいばんしょ》のことを聞《き》いて、何《なん》となく安心《あんしん》したよ。お父《とう》さんの言《い》うように、裁判《さいばん》の場《ば》できちんと判断《はんだん》してもらうほうがいいに決《き》まってるし、それができない中国《ちゅうごく》や韓国《かんこく》より、やっぱり日本《にっぽん》のほうが正《ただ》しいと思《おも》うからね」

「いいぞ、由香《ゆか》。そうやっていろんなことを知識《ちしき》を得《え》て、自分《じぶん》の考《かんが》えをまとめていくこと、これが大切《たいせつ》なんだからね」

お父《とう》さんにほめられて、由香《ゆか》ちゃんはますます勉強《べんきょう》しようと思《おも》いました。

国の三要素

国として認められるには、どれかひとつでも欠けてはだめなんだ。

政府

〈四要素の場合〉

主権　国民　領土

「領土」は家と庭、「国民」は家族、「主権」は家のことを家族で決める権利のことね。

「政府」はお父さんやお母さんのことと考えてくれればいいよ。

国への誇り

日本人として国に誇りを持って、他の国からも尊敬されるようになれればいいんだね。

なでしこジャパンも日本人の誇りのひとつ！

考え方の違う国

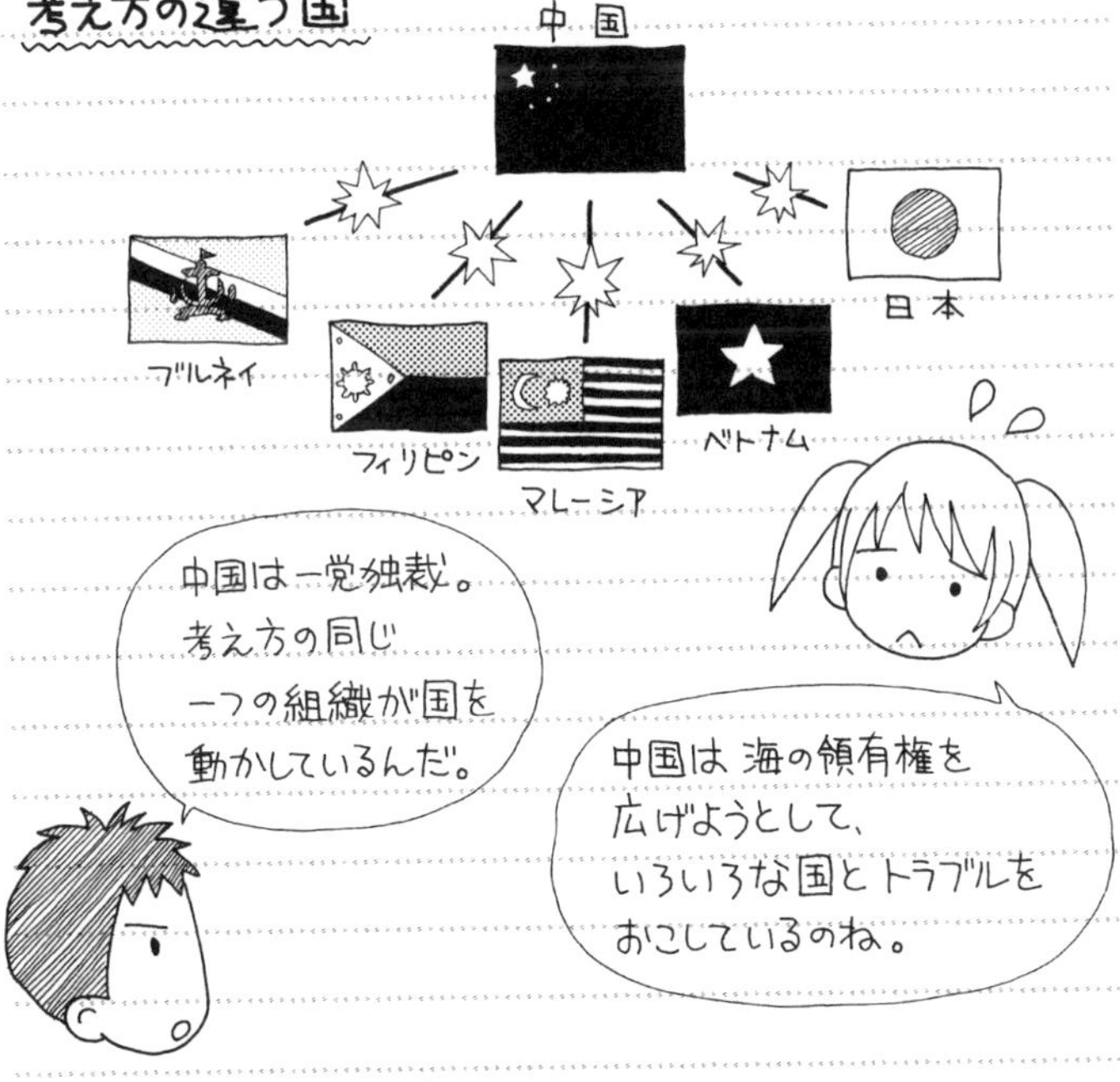
中国
日本
ブルネイ
フィリピン
マレーシア
ベトナム
中国は一党独裁。考え方の同じ一つの組織が国を動かしているんだ。
中国は 海の領有権を広げようとして、いろいろな国と トラブルをおこしているのね。

大切なのは自分の意見を持つこと

お父さんはこうだよ。
お母さんはこうかな。
わたしはこう思うな。

【コラム】尖閣諸島中国漁船衝突事件

2010（平成22）年9月7日、尖閣諸島周辺をパトロールしていた海上保安庁所属の巡視船が不審な中国漁船を発見、日本領海からの退去を命じた。

漁船は警告を無視して操業を続け、逃走時に巡視船二隻に衝突。船長は公務執行妨害として海上保安庁に逮捕、船員も石垣島に連行された。

中国政府は「尖閣諸島は中国固有の領土」と主張し、船長の逮捕は不当として即時釈放を要求。日本に対してさまざまな報復措置を行った。

これを受けて、当時の民主党政権による配慮の元、那覇地検は船員、船の引き渡しだけでなく、本来日本の司法で裁かれるべき船長も処分保留で釈放し、中国に帰国させた。帰国した船長は、中国国内で英雄扱いされたとのことである。

後に衝突時の状況を海上保安庁が撮影した動画の存在が明らかになったが、これも中国への配慮によって非公開となった。

これに反発した一海上保安庁職員がインターネット上に流出させた。職員は結局退職することになったが、逮捕されるといった事態は避けられた。

事件後も中国は尖閣諸島への挑発行動をやめず、当時の民主党政権の配慮はまったく功を奏していないと言える。この対処の過ちをどう今後に生かすかが、尖閣諸島問題の一つの鍵である。

☆二章《しょう》☆

どうして中国《ちゅうごく》は日本《にっぽん》の店《みせ》や車《くるま》を壊《こわ》すの？

例えで話してみようか
由香は田舎のおばあちゃんの畑は覚えている？
覚えているよ！おばあちゃんの野菜すごくおいしかった
ある日、近所のAさんがおばあちゃんの畑に来て「ここは自分たちのものだから返せ」と言ってきたとする
畑は先祖代々耕してきたもので今はおばあちゃんのものって証明する資料もあるんだ
土地権利書
土地台帳
でも、Aさんはそんなの関係ないと言って、勝手に畑に入ってくるようになった

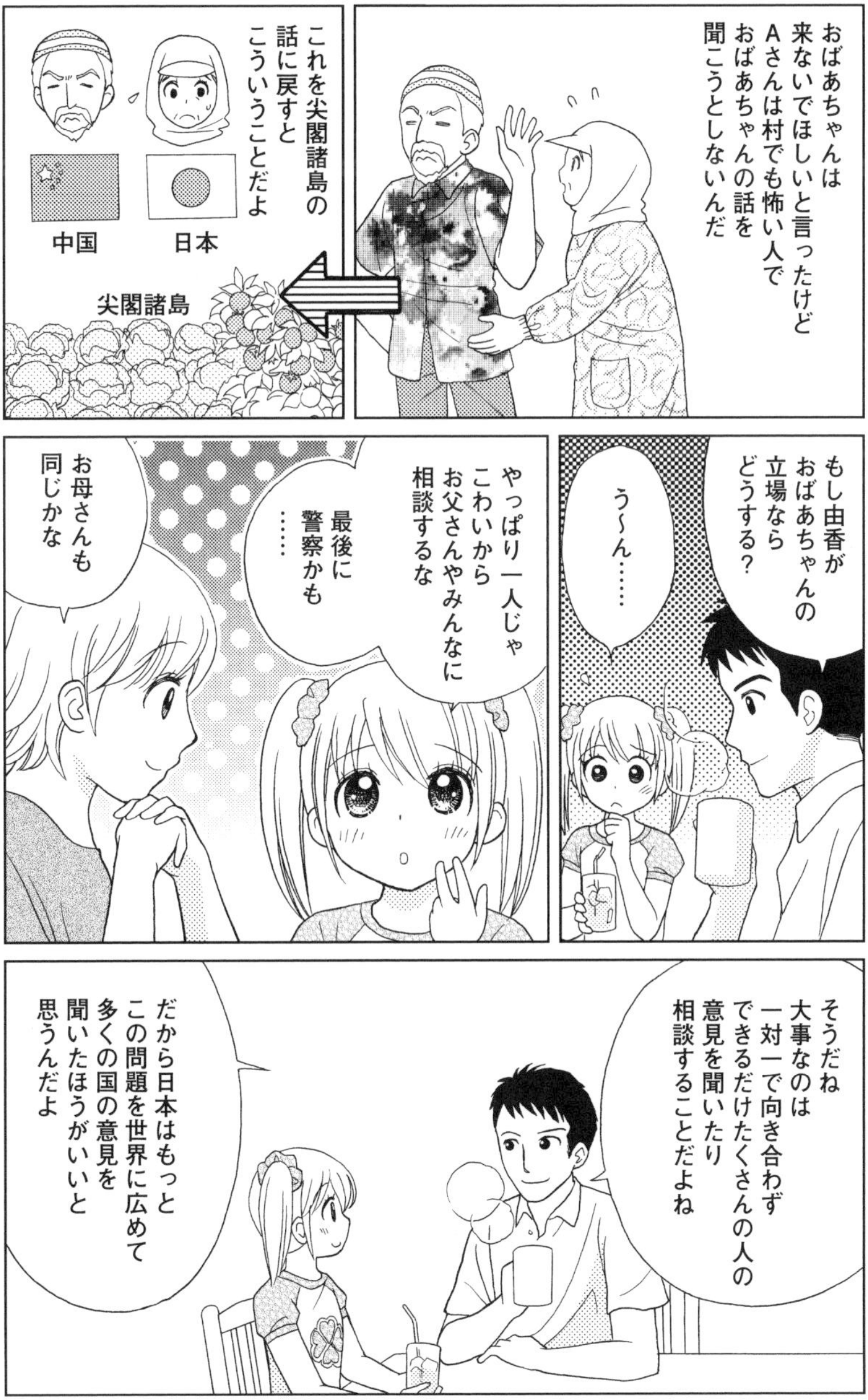
おばあちゃんは来ないでほしいと言ったけどAさんは村でも怖い人でおばあちゃんの話を聞こうとしないんだ
これを尖閣諸島の話に戻すとこういうことだよ
日本
中国
尖閣諸島
もし由香がおばあちゃんの立場ならどうする？
う〜ん……
やっぱり一人じゃこわいからお父さんやみんなに相談するな
最後に警察かも……
お母さんも同じかな
そうだね大事なのは一対一で向き合わずできるだけたくさんの人の意見を聞いたり相談することだよね
だから日本はもっとこの問題を世界に広めて多くの国の意見を聞いたほうがいいと思うんだよ

尖閣諸島は沖縄本島と台湾の間にあり、魚釣島、南小島、北小島、久場島、大正島の五つの島と、沖の北岩、沖の南岩、飛瀬の三つの岩礁からなる。総面積は６・３平方㎞で、戦前には人が住んでいる時期もあったが、現在は無人。
最大の魚釣島は石垣島から北西に約１７０㎞、沖縄本島から西に４１０㎞の距離にある。領有権を主張する台湾からは北東に約１７０㎞、同じく領有権を主張する中国からは約３３０㎞。
中国
約330km
尖閣諸島
日本（沖縄本島）
約410km
台湾
約170km
日本
（石垣島）
約170km
久場島
大正島
沖の北岩
魚釣島
沖の南岩
北小島
飛瀬
南小島

いじめっ子《こ》にはみんなで力《ちから》を合《あ》わせて

お母《かあ》さんがお父《とう》さんのほうを向《む》いて言《い》いました。

「少し話《すこ はなし》は違《ちが》うかもしれないけど、今《いま》、日本中《にっぽんじゅう》の学校《がっこう》でいじめの問題《もんだい》があるでしょう。いじめでも、同《おな》じことが当《あ》てはまると思《おも》うよ。もちろん、いじめている子《こ》が悪《わる》いのは当然《とうぜん》だけど、いじめられている子《こ》は、自分《じぶん》は何《なに》も悪《わる》くなくても、親《おや》や先生《せんせい》、友《とも》だちにも知《し》られるのが恥《は》ずかしいと思《おも》って隠《かく》そうとするよね。これがいちばんダメな方法《ほうほう》だと思《おも》う。一人《ひとり》でも多《おお》くの人《ひと》に伝《つた》えて、みんなの力《ちから》を借《か》りるようにするのがいいことだと思《おも》う。逆《ぎゃく》に、いじめることがずっと恥《は》ずかしいってことを、みんなで知《し》ることも大切《たいせつ》だと思《おも》うわね」

「わたしのクラスには、たぶん、いじめはないけどね。でも、いじめられる子《こ》は、他《ほか》の人《ひと》に言《い》ったりすると、よけいにいじめがひどくなると思《おも》って言《い》えないこともあると思《おも》うけど……」

由香《ゆか》ちゃんのそんな疑問《ぎもん》にお父《とう》さんが答《こた》えました。

「そんなときは、『もっと、いじめられたことを言《い》う』と言《い》えばいいんじゃないかな。いじめにあったら、友《とも》だちや先生《せんせい》、親《おや》にきちんと、真剣《しんけん》に言《い》うことだね。ただ、残念《ざんねん》なことだけど、いじめを隠《かく》そうとする学校《がっこう》もあるから、もしそうなら警察《けいさつ》で相談《そうだん》したり、場合《ばあい》によったら新聞《しんぶん》社《しゃ》やテレビ局《きょく》に言《い》ったっていいと思《おも》う。

毎年《まいとし》、いじめで自殺《じさつ》してしまう子《こ》が出《で》るけれど、自分一人《じぶんひとり》で全部《ぜんぶ》受《う》け止《と》めて、どんどん心《こころ》の奥深《おくふか》くに入《はい》っていってしまう子《こ》が多《おお》いよね。そうじゃなくて、一人《ひとり》でも多《おお》くの人《ひと》に聞《き》いてもらうこと、きちんと聞《き》いてくれる人《ひと》が見《み》つかるまで、自分《じぶん》はいじめられているって言《い》い続《つづ》けることが大切《たいせつ》だと思《おも》うよ。

尖閣諸島《せんかくしょとう》の中国《ちゅうごく》に対《たい》してもまったく同《おな》じだと思《おも》うね。国《くに》と国《くに》の争《あらそ》いでは、特《とく》に大事《だいじ》なのが、しっかりとした意見《いけん》を持《も》っていることはもちろんだけれど、実際《じっさい》に行動《こうどう》することが何《なに》よりも大《だい》事《じ》になってくる。そして、今《いま》、中国《ちゅうごく》がどんな行動《こうどう》をとっているか、世界《せかい》に向《む》けて報告《ほうこく》すればいい。世界《せかい》のたくさんの国《くに》に、自分《じぶん》の国《くに》の考《かんが》えを広《ひろ》めることが大切《たいせつ》だ。

中国《ちゅうごく》はものすごい額《がく》のお金《かね》を使《つか》って、中国《ちゅうごく》に有利《ゆうり》なように尖閣諸島《せんかくしょとう》のことを宣伝《せんでん》しているって言《い》われてるんだ。黙《だま》っていると、本当《ほんとう》に尖閣諸島《せんかくしょとう》が中国《ちゅうごく》のものだと世界中《せかいじゅう》から思《おも》われてしまいかねないし、逆《ぎゃく》に日本《にっぽん》のほうが悪者《わるもの》にされかねない」

お母《かあ》さんが首《くび》をかしげながら言《い》いました。

「日本《にっぽん》が、他《ほか》の国《くに》にきちんと話《はなし》をしたり、行動《こうどう》をとったりしてこなかったのもダメだったわね。

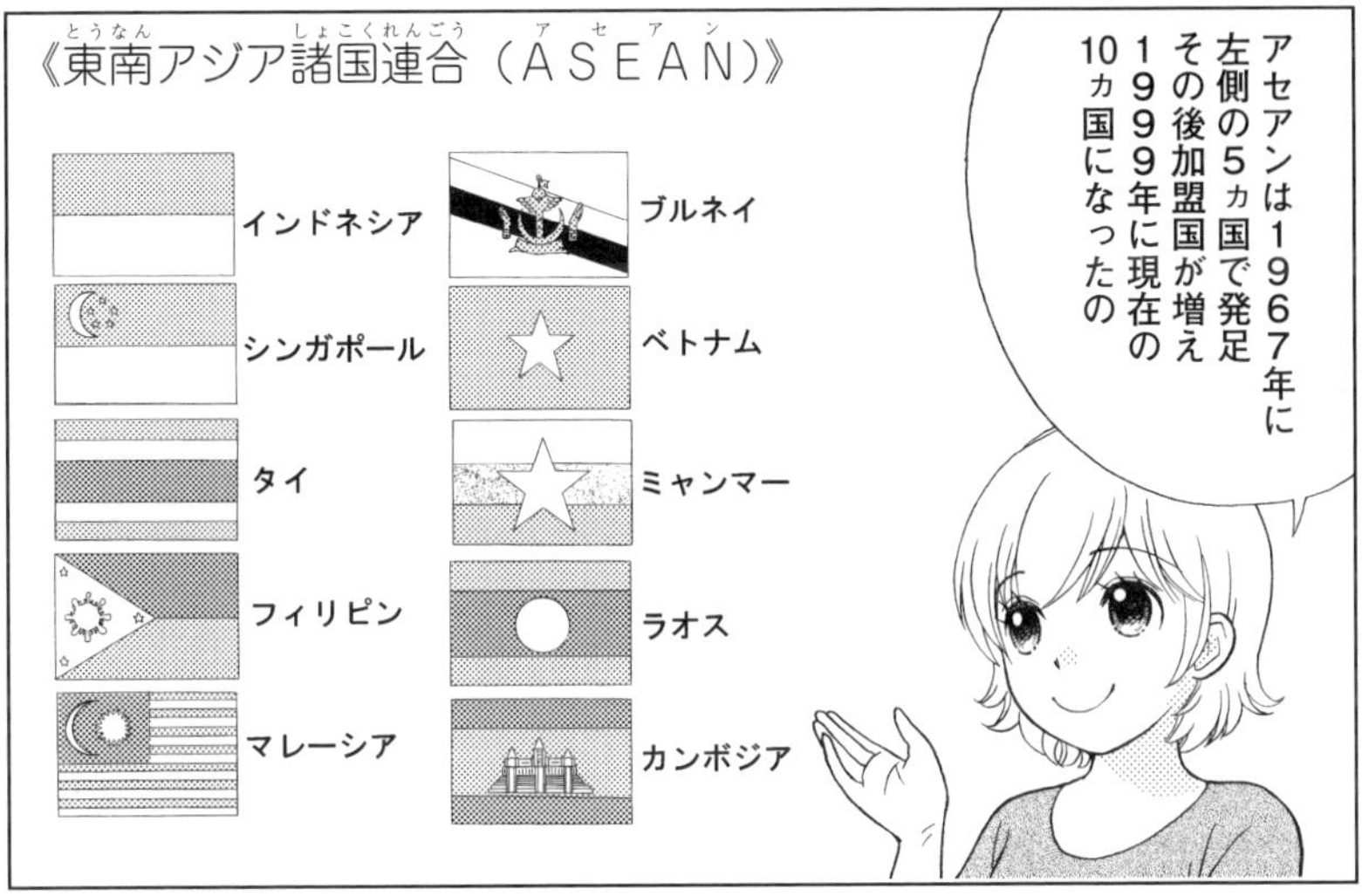
《東南《とうなん》アジア諸国連合《しょこくれんごう》（ASEAN《アセアン》）》
インドネシア
ブルネイ
シンガポール
ベトナム
タイ
ミャンマー
フィリピン
ラオス
マレーシア
カンボジア
アセアンは1967年に
左側の5ヵ国で発足
その後加盟国が増え
1999年に現在の
10ヵ国になったの

日本人全体《にっぽんじんぜんたい》も無関心《むかんしん》だったし」

「残念《ざんねん》ながら、そのとおりだと思《おも》う。でも、中国《ちゅうごく》の態度《たいど》が強硬《きょうこう》で、逆《ぎゃく》に日本政府《にっぽんせいふ》も、やっと、このままじゃダメだと思《おも》ってきたんじゃないかな。何《なに》より、政権《せいけん》が変《か》わったのが大《おお》きいね」

「お母《かあ》さんが期待《きたい》しているのが同《おな》じアジアの国《くに》なの。今《いま》、『東南《とうなん》アジア諸国連合《しょこくれんごう》（ASEAN《アセアン》）』っていう集《あつ》まりがあって、東南《とうなん》アジアの10の国《くに》が加盟《かめい》しているけれど、この10ヵ国《こく》でいろいろなことを協力《きょうりょく》しあおうとしているわけ。日本《にっぽん》は加盟国《かめいこく》じゃないけれど、昔《むかし》から参加《さんか》していて、東南《とうなん》アジアのいろいろな問題《もんだい》を一緒《いっしょ》に解決《かいけつ》していこうとしている。中国《ちゅうごく》と韓国《かんこく》も加盟国《かめいこく》じゃなく、参加《さんか》はしているんだけどね。

この東南《とうなん》アジア諸国連合《しょこくれんごう》に、日本《にっぽん》や中国《ちゅうごく》、韓国《かんこく》など東《ひがし》アジアだけでなく、オーストラリアやニュージーランドといったオセアニアの国々《くにぐに》も加《くわ》えた集《あつ》まり『東《ひがし》アジアサミット』が２０１２（平成《へいせい》24）年《ねん》の11月《がつ》に開《ひら》かれて、そこに再選《さいせん》したばかりのアメリカのオバマ大統領《だいとうりょう》が出席《しゅっせき》したけど、オバマさんは、領土問題《りょうどもんだい》は、二《ふた》つの国《くに》どおしだけじゃなく、多《おお》くの国《くに》で話《はな》し合《あ》うべきだと言《い》ったのよ。これって、今《いま》、お父《とう》さんが言《い》ってることと同《おな》じでしょう。中国《ちゅうごく》は、関係《かんけい》する国《くに》だけで話《はな》し合《あ》うべきだと言《い》い続《つづ》けてきたけれど、それにオバマ大統領《だいとうりょう》は反対《はんたい》したのよ。日本《にっぽん》も、多《おお》くの国《くに》で話《はな》し合《あ》うべきだという考《かんが》え方《かた》なので、オバマ大統領《だいとうりょう》と意見《いけん》は同《おな》じ」

「どうして中国《ちゅうごく》は二《ふた》つの国《くに》だけで解決《かいけつ》しようとするわけ？　世界中《せかいじゅう》に問題《もんだい》が広《ひろ》く知《し》られるとまずいの？　わたしはそこがわからない」

「これは簡単《かんたん》だし、どちらが本当《ほんとう》のことを言《い》っているかを判断《はんだん》するポイントなんだよ。これはあとで話《はな》すけれど、竹島《たけしま》についての韓国《かんこく》の態度《たいど》も中国《ちゅうごく》と同《おな》じなんだ。正《ただ》しいことを主張《しゅちょう》するなら、堂々《どうどう》と、周囲《しゅうい》のみんながどう思《おも》うか聞《き》けるよね。でも、自分《じぶん》の考《かんが》えに自信《じしん》がなかったり、相手《あいて》のほうが正《ただ》しいと思《おも》っている場合《ばあい》は、逆《ぎゃく》に広《ひろ》く知《し》られないほうがいい。周《まわ》りの国《くに》から『あなたの考《かんが》えは違《ちが》うよ』と言《い》われてしまう可能性《かのうせい》が高《たか》いからね。そうなると、どうにもならなくなってしまう。

でも、日本《にっぽん》の政府《せいふ》も尖閣諸島《せんかくしょとう》の問題《もんだい》が大《おお》きくなって、やっと世界《せかい》に向《む》けて意見《いけん》を言《い》うようになってきた。少《すこ》しずつだけどね。それに、お母《かあ》さんが言《い》ったように、東南《とうなん》アジアの国《くに》のなかでは、日本《にっぽん》と同《おな》じように、領土問題《りょうどもんだい》で中国《ちゅうごく》と争《あらそ》いのある国《くに》が多《おお》い。地図《ちず》を見《み》るとわかるんだけれど、中国《ちゅうごく》、台湾《たいわん》、フィリピン、ブルネイ、マレーシア、ベトナム、インドネシアに囲《かこ》まれた海《うみ》のことを『南《みなみ》シナ海《かい》』っていうんだけど、ここでも中国《ちゅうごく》がどんどん領海《りょうかい》を広《ひろ》げようとしてるんだ。

中国《ちゅうごく》のパスポートに、南《みなみ》シナ海《かい》の島々《しまじま》が中国《ちゅうごく》のものになっている地図《ちず》が印刷《いんさつ》されて、ベトナムやフィリピンから抗議《こうぎ》を受《う》けたりしている。だから、日本《にっぽん》もこういう国《くに》と一緒《いっしょ》になって、自分勝手《ぶんかって》なことはしないようにと、力《ちから》を合《あ》わせて中国《ちゅうごく》に意見《いけん》を言《い》い続《つづ》けることが大事《だいじ》だよ。無茶《むちゃ》なことをしているのは中国《ちゅうごく》のほうなんだからね。

それに、中国《ちゅうごく》が海洋国家《かいようこっか》を目指《めざ》しているのに対《たい》して、日本《にっぽん》は『東南《とうなん》アジア諸国連合《しょこくれんごう》』と一緒《いっしょ》に『海洋型同盟《かいようがたどうめい》』を結《むす》んで対抗《たいこう》しようという考《かんが》えも出《で》てきているんだよ。できるだけ早《はや》く東南《とうなん》アジアの国《くに》と力《ちから》を合《あ》わせてこういう話《はなし》を進《すす》めるほうがいいと思《おも》うね」

「だけど、中国《ちゅうごく》って、周囲《しゅうい》から何《なに》を言《い》われても引《ひ》くことはしない国《くに》なんでしょ。経済《けいざい》も世界《せかい》で二位《にい》になって自信《じしん》を持《も》ってきたと思《おも》うし、わたしはますます心配《しんぱい》だな」

「一《ひと》つの考《かんが》え方《かた》しかしない人《ひと》たちが政治《せいじ》をしている国《くに》は反省《はんせい》をしないね。自分《じぶん》たちと違《ちが》う考《かんが》え方《かた》を認《みと》めないんだから、反省《はんせい》という言葉《ことば》すらないかもしれない。特《とく》に、その組織《そしき》の代表者《だいひょうしゃ》が間違《まちが》いを認《みと》めることは、その立場《たちば》を失《うしな》ってしまうことだからね。

それに中国《ちゅうごく》の国内問題《こくないもんだい》も大《おお》きいんだ。中国《ちゅうごく》は、共産党一党独裁《きょうさんとういっとうどくさい》で社会主義《しゃかいしゅぎ》の国《くに》なんだけど、社会主義《しゃかいしゅぎ》の国《くに》は国民全員《こくみんぜんいん》の平等《びょうどう》を基本《きほん》にしているんだよ。ところが、実際《じっさい》はものすごく格差《かくさ》があって、たくさんの貧《まず》しいままの人《ひと》たちが政府《せいふ》に不満《ふまん》を持《も》っている。政府《せいふ》としては、そんなうっぷんが政府《せいふ》に向《む》かないように、外《そと》に敵《てき》を作《つく》って国《くに》としてまとまろうとしてるんだ。その相手《あいて》が日本《にっぽん》ということだね。

日本《にっぽん》を敵視《てきし》するようになったのは、今《いま》から20年以上前《ねんいじょうまえ》の１９８９（平成元《へいせいがん》）年《ねん》に中国《ちゅうごく》であった天安門事件《てんあんもんじけん》というデモがきっかけだと言《い》われてるんだよ。中国《ちゅうごく》の学生《がくせい》が民主化《みんしゅか》を叫《さけ》んで起《お》こした大《おお》きなデモだったけれど、政府《せいふ》が学生《がくせい》や市民《しみん》に無差別《むさべつ》に発砲《はっぽう》したり、装甲車《そうこうしゃ》でひき殺《ころ》したりしたという報告《ほうこく》もある。その頃《ころ》から、中国《ちゅうごく》の政府《せいふ》は外《そと》に敵《てき》を作《つく》って国《くに》をまとめようとして、日本《にっぽん》が標的《ひょうてき》になったと言《い》われているんだ。子《こ》どもたちには中国《ちゅうごく》を愛《あい》することと、日本《にっぽん》がどれほど戦争《せんそう》で中国人《ちゅうごくじん》にひどいことをしてきたかを教《おし》えるようになった」

お母《かあ》さんがため息《いき》をつきながら言《い》いました。

「どちらにしても、本当《ほんとう》にうっとうしいわね。これから何年《なんねん》も同《おな》じような状態《じょうたい》が続《つづ》くと思《おも》うし」

天安門事件はこれだけ
大きな事件だったけど
実は中国国内では
なかったことになっていて
知らない人も
多いらしいんだ
ええ――っ!!

「結局《けっきょく》、長《なが》い間《あいだ》、尖閣諸島《せんかくしょとう》に真剣《しんけん》に取《と》り組《く》んでこなかった日本《にっぽん》の政府《せいふ》も悪《わる》かったと思《おも》うね。これからも、世界中《せかいじゅう》に日本《にっぽん》の考《かんが》えを伝《つた》える努力《どりょく》をしながら、粘《ねば》り強《づよ》く中国《ちゅうごく》と向《む》き合《あ》わなきゃいけないと思《おも》うよ。ただ、先進国《せんしんこく》では、中国《ちゅうごく》が日本《にっぽん》に嫌《いや》がらせのようなことをしても、逆《ぎゃく》に日本《にっぽん》が落《お》ち着《つ》いて対応《たいおう》しているので、日本《にっぽん》の態度《たいど》は立派《りっぱ》だと評価《ひょうか》する声《こえ》も増《ふ》えてきているんだ。いい傾向《けいこう》だと思《おも》うね」

日本《にっぽん》の主張《しゅちょう》と中国《ちゅうごく》の主張《しゅちょう》

「まず、これはお父《とう》さん個人《こじん》の意見《いけん》だから、絶対《ぜったい》に正《ただ》しいと思《おも》って聞《き》く必要《ひつよう》はないよ。その上《うえ》で言《い》うことだけれど、はっきりしているのは尖閣諸島《せんかくしょとう》は間違《まちが》いなく日本《にっぽん》の領土《りょうど》ということ。中国《ちゅうごく》は中国《ちゅうごく》のものだと言《い》うし、日本人《にっぽんじん》のなかにも、日本《にっぽん》のものじゃないって言《い》う人《ひと》もいるけどね。

それにあまりニュースにならないけれど、中国《ちゅうごく》にも尖閣諸島《せんかくしょとう》は日本《にっぽん》のものと言《い》う人《ひと》もいるんだ。

いいかな、ここはとっても大事《だいじ》なことなんだよ。さっき、自分《じぶん》の考《かんが》え方《かた》を持《も》つことが大事《だいじ》だって言《い》ったよね。つまり日本《にっぽん》にも、尖閣諸島《せんかくしょとう》について日本《にっぽん》のものだと言《い》う人《ひと》、中国《ちゅうごく》のものだと言《い》う人《ひと》がいて、逆《ぎゃく》に中国《ちゅうごく》にも、中国《ちゅうごく》のものだ、日本《にっぽん》のものだと言《い》う人《ひと》がいるんだ。そういう意見《いけん》をしっかり聞《き》いて、自分《じぶん》の意見《いけん》を持《も》つことが大切《たいせつ》なんだよ。

日本《にっぽん》に住《す》んでいる以上《いじょう》は、日本《にっぽん》の政府《せいふ》の言《い》うことを信《しん》じるのは基本《きほん》だけど、国民《こくみん》の一人《ひと》ひとりが、いつも疑問《ぎもん》を持《も》って自分《じぶん》で調《しら》べたり考《かんが》えたりすることが何《なに》よりも大切《たいせつ》なんだ。それが民《みん》主主義《しゅしゅぎ》の国《くに》で暮《く》らしている人《ひと》の責任《せきにん》でもあると思《おも》うよ」

話《はなし》を聞《き》いていた由香《ゆか》ちゃんがたずねました。

「日本《にっぽん》では、もちろん尖閣諸島《せんかくしょとう》が日本《にっぽん》のものだって思《おも》っている人《ひと》は多《おお》いよね」

「おそらく、ほとんどの日本人《にっぽんじん》は尖閣諸島《せんかくしょとう》は日本《にっぽん》の領土《りょうど》だと思《おも》っているだろうね。資料《しりょう》をきちんと読《よ》めば読《よ》むほど、そう思《おも》うに違《ちが》いないよ。それに、他《ほか》の国《くに》はどう思《おも》っているかも大切《たいせつ》なことだね。その意味《いみ》で、日本《にっぽん》の同盟国《どうめいこく》のアメリカが、議会《ぎかい》で尖閣諸島《せんかくしょとう》は日本《にっぽん》の施政権下《しせいけんか》にあること、そして日米安全保障条約《にちべいあんぜんほしょうじょうやく》が適用《てきよう》されると決議《けつぎ》したことは大《おお》きいね」

「日本《にっぽん》の施政権下《しせいけんか》にあるって、どういうこと？」

「日本《にっぽん》が管理《かんり》している地域《ちいき》ってこと。それに、日米安全保障条約《にちべいあんぜんほしょうじょうやく》というのは、大《おお》きく言《い》えば日本《にっぽん》がアメリカの軍隊《ぐんたい》を日本《にっぽん》に置《お》くことを認《みと》めて、日本《にっぽん》が外国《がいこく》から攻撃《こうげき》されたようなとき、アメリカが日本《にっぽん》を助《たす》けるという約束《やくそく》のことなんだ。そして尖閣諸島《せんかくしょとう》はその範囲《はんい》に含《ふく》まれるということなんだよ。簡単《かんたん》に言《い》えば、万一《まんいち》、尖閣諸島《せんかくしょとう》で日本《にっぽん》と中国《ちゅうごく》が武力《ぶりょく》で戦《たたか》いになったようなとき、アメリカが助《たす》けてくれるということだね」

「アメリカが強《つよ》い味方《みかた》っていうことね。沖縄《おきなわ》をはじめ、日本中《にっぽんじゅう》にアメリカ軍《ぐん》の基地《きち》があるのも、その条約《じょうやく》があるからなんだね」

由香《ゆか》ちゃんが少《すこ》しホッとしたような顔《かお》で言《い》いました。

「だけど、中国《ちゅうごく》は絶対《ぜったい》に引《ひ》かないと思《おも》うし、難《むずか》しいわね。それに沖縄《おきなわ》だけにアメリカ軍《ぐん》の基地《きち》が多《おお》く集中《しゅうちゅう》しているという問題《もんだい》もあるし」

お母《かあ》さんは逆《ぎゃく》に心配《しんぱい》そうです。

「そうだね、すごく難《むずか》しい。ただ、日本《にっぽん》が尖閣諸島《せんかくしょとう》を自分《じぶん》たちの領土《りょうど》だということをしっかり認識《にんしき》して、守《まも》り抜《ぬ》く意思《いし》や行動《こうどう》をとることが何《なに》よりも大事《だいじ》だね。例《たと》えばアメリカが助《たす》けてくれるといっても、日本人《にっぽんじん》が尖閣諸島《せんかくしょとう》を自分《じぶん》たちで守《まも》ろうとしなければ助《たす》けようがない。それに、日本人全体《にっぽんじんぜんたい》が『なぜ沖縄《おきなわ》にアメリカ軍《ぐん》の基地《きち》があるのか』ということをもっと真剣《しんけん》に考《かんが》えなければだめだと思《おも》うよ。これは、沖縄《おきなわ》の人《ひと》たちだけに押《お》しつけていい問題《もんだい》ではないからね」

「でも、日本《にっぽん》は尖閣諸島《せんかくしょとう》のほかに、竹島《たけしま》や北方領土《ほっぽうりょうど》のこともあるし、大変《たいへん》だよね。わたしが大人《おとな》になる頃《ころ》にはどうなってるかな」

「だから今《いま》、日本人《にっぽんじん》みんなで考《かんが》えて、発言《はつげん》したり行動《こうどう》したりすることが大切《たいせつ》なんだよ。そのためにも、日本《にっぽん》の政府《せいふ》にはしっかりしてほしいね。ただ政権《せいけん》が変《か》わってからは、領土問題《りょうどもんだい》でほかの国《くに》と協力《きょうりょく》して中国《ちゅうごく》に向《む》かい合《あ》おうとするようになってきた。中国《ちゅうごく》と一対一《いったいいち》じゃなく、周辺《しゅうへん》の国《くに》と力《ちから》を合《あ》わせるのは、お父《とう》さんは賛成《さんせい》したいな」

「お母《かあ》さんも、基本的《きほんてき》に間違《まちが》っていないと思《おも》う。ちょっと言葉《ことば》はきついけれど、日本《にっぽん》の景気《けいき》が悪《わる》くなってから、中国《ちゅうごく》や韓国《かんこく》が日本《にっぽん》を軽《かる》く見《み》るようになった気《き》がするけれど、きちんと日本《にっぽん》の政府《せいふ》が意見《いけん》を言《い》ったり行動《こうどう》をとったりしてこなかったのも悪《わる》いと思《おも》うしね。ただ一《ひと》つ、戦争《せんそう》になるようなことは絶対《ぜったい》に避《さ》けるようにするのが条件《じょうけん》だけど」

「お母《かあ》さんの言《い》うとおり、国《くに》と国《くに》の関係《かんけい》は簡単《かんたん》じゃない。たとえば、これまで、世界中《せかいじゅう》のいろんな国《くに》で戦争《せんそう》があったし、今《いま》も互《たが》いに傷《きず》つけ合《あ》ったり人《ひと》の命《いのち》を奪《うば》ったりして戦《たたか》い続《つづ》けている国《くに》があるけど、これは意見《いけん》の違《ちが》う国《くに》どおしが、どうしても意見《いけん》を譲《ゆず》らないから起《お》こっている。そして、争《あらそ》いの原因《げんいん》として多《おお》いのが宗教《しゅうきょう》の違《ちが》いや領土《りょうど》、領海《りょうかい》の奪《うば》い合《あ》い、エネルギーの取《と》り合《あ》いも戦争《せんそう》の原因《げんいん》になっている。その代表《だいひょう》が原油《げんゆ》。原油《げんゆ》って、車《くるま》を動《うご》かすガソリンや暖房用《だんぼうよう》、それに電気《でんき》を起《お》こしたり、いろんな化学製品《かがくせいひん》を作《つく》るのにも必要《ひつよう》だよね。学校《がっこう》で習《なら》ったと思《おも》うけど……。石油《せきゆ》が世界《せかい》のいろんな国《くに》で平等《びょうどう》にとれればいいけれど、中東《ちゅうとう》などにかたよっているよね。由香《ゆか》は原油《げんゆ》がたくさんとれる国《くに》はどこか、学校《がっこう》で勉強《べんきょう》しただろう？」

「うん、知《し》ってるよ。サウジアラビアとかイラン、アラブ首長国連邦《しゅちょうこくれんぽう》、クウェート、それにイラクとかだよね。どこもサッカーの日本《にっぽん》のライバルだから、サッカーのことを調《しら》べているうちに勉強《べんきょう》したの」

「よく知《し》ってるね。そう、中東《ちゅうとう》の国《くに》にかたよってるんだ。あとはロシア、アメリカ。中国《ちゅうごく》も原油《げんゆ》が多《おお》くとれる国《くに》だったけど、経済《けいざい》が発展《はってん》して原油《げんゆ》をたくさん使《つか》うようになって、輸入《ゆにゅう》しなければいけなくなってしまった。これも中国《ちゅうごく》が領土《りょうど》を広《ひろ》げたい大《おお》きな理由《りゆう》の一《ひと》つなんだ。

ただ、最近《さいきん》は原油《げんゆ》以外《いがい》のエネルギー源《げん》が注目《ちゅうもく》されるようになってきて、前《まえ》よりは原油《げんゆ》への依存度《いぞんど》が低《ひく》くなってきたけどね。今《いま》、どんなエネルギー源《げん》が注目《ちゅうもく》されているか調《しら》べてみると面白《おもしろ》いと思《おも》うよ。風力《ふうりょく》とか地熱発電《ちねつはつでん》とか、太陽光発電《たいようこうはつでん》とかね。それに、今《いま》、『シェールガス革命《かくめい》』っていう言葉《ことば》が注目《ちゅうもく》されているんだ。それまで地下深《ちかふか》くの天然《てんねん》ガスは採掘《さいくつ》できなかったけれど、技術《ぎじゅつ》が進歩《しんぽ》して採掘《さいくつ》できるようになった。量《りょう》も多《おお》くて、世界中《せかいじゅう》で期待《きたい》されている。ただ、環境《かんきょう》への影響《えいきょう》がありそうなことが心配《しんぱい》されているけどね。

もう一《ひと》つ、戦争《せんそう》の原因《げんいん》としては宗教《しゅうきょう》の違《ちが》いがある。宗教《しゅうきょう》っていうのは、簡単《かんたん》に言《い》えば、自分《じぶん》は何《なに》を信《しん》じて生《い》きていくかというようなことで、これが違《ちが》うと、どうしても仲良《なかよ》くなるのが難《むずか》しくなるね。日本《にっぽん》ではいろんな宗教《しゅうきょう》の人《ひと》がいても、それが理由《りゆう》で大《おお》きなけんかをしたりしないよね。これって日本人《にっぽんじん》には普通《ふつう》のことで何《なに》も感《かん》じないかもしれないけれど、外国《がいこく》と比《くら》べると、

尖閣諸島には未来の生活を支えるかもしれないお宝がたくさん眠っているのね
原油
金属
シェールガス
だからこそ中国も手を引かないでしょうね

すごく珍《めずら》しい国《くに》なんだよ」

「そうね、お母《かあ》さんの実家《じっか》は日本《にっぽん》では少《すく》ないキリスト教《きょう》だし、お父《とう》さんの実家《じっか》は仏教《ぶっきょう》だし、そう言《い》えば友《とも》だちの家《いえ》は神道《しんとう》だしね。最近《さいきん》はイスラム教《きょう》の人《ひと》もいる。でも、日本《にっぽん》では宗教《しゅうきょう》が理由《りゆう》で争《あらそ》いになることはほとんどないよね。外国《がいこく》では、宗教《しゅうきょう》が違《ちが》うので結婚《けっこん》できないというのも珍《めずら》しくないくらいだから」

「今度《こんど》の尖閣諸島《せんかくしょとう》の場合《ばあい》は、中国《ちゅうごく》が尖閣諸島《せんかくしょとう》が自《じ》分《ぶん》の国《くに》の領土《りょうど》だと言《い》い出《だ》したのは1971（昭和《しょうわ》46）年《ねん》だから、もう40年以上《ねんいじょう》も前《まえ》のことだ。由香《ゆか》がよくわからないのも無理《むり》はないよね。お父《とう》さんだって2歳《さい》、お母《かあ》さんは生《う》まれていなかったんだから。ところが、この1971年《ねん》まで、中国《ちゅうごく》は尖《せん》閣諸島《かくしょとう》のことを何《なに》も言《い》ってこなかったんだよ。

日本《にっぽん》は、1885(明治《めいじ》18)年《ねん》に本格的《ほんかくてき》に尖閣諸島《せんかくしょとう》を調《しら》べて、他《ほか》のどの国《くに》の領土《りょうど》でもないことを10年間確《ねんかんたし》かめて、どの国《くに》も何《なに》も言《い》ってこなかったので、1895(明治《めいじ》28)年《ねん》に日本《にっぽん》の領土《りょう ど》にしたんだよ。これは国際法《こくさいほう》、つまり世界《せかい》の法律《ほうりつ》、ルールで認《みと》められているんだ。尖閣諸島《せんかくしょとう》の島《しま》のひとつ、魚釣島《うおつりしま》には、日本《にっぽん》の漁師《りょうし》さんのための船着《ふなつ》き場《ば》がある。それに島《しま》を開拓《かいたく》した古《こ》賀辰四郎《がたつしろう》という人《ひと》の記念碑《きねんひ》や、仕事《しごと》をしていた跡《あと》も残《のこ》っているんだ。カツオ節《ぶし》を作《つく》っていたので、その工場《こうじょう》の跡《あと》も残《のこ》っているよ」

「そんなに証拠《しょうこ》があるなら、尖閣諸島《せんかくしょとう》が日本《にっぽん》のものだってはっきりしてるんじゃない?」

由香《ゆか》ちゃんも、お母《かあ》さんのほうを見《み》ながら言《い》いました。

「それでも中国《ちゅうごく》は、尖閣諸島《せんかくしょとう》が日本《にっぽん》のものだとは認《みと》めていない、というか認《みと》めたくないのよ。だって、尖閣諸島《せんかくしょとう》の海底《かいてい》には、原油《げんゆ》とか、いろんなものを作《つく》るのに必要《ひつよう》な金属《きんぞく》とか、たくさん埋《う》まっているそうだし」

「実《じつ》はそうなんだ。それまで尖閣諸島《せんかくしょとう》について何《なに》も言《い》ってこなかった中国《ちゅうごく》が、自分《じぶん》たちの島《しま》だって言《い》い出《だ》したのは、エネルギーや海底《かいてい》の資源《しげん》が欲《ほ》しいからなんだろう。1960年代《ねんだい》から、国《こく》連《れん》の機関《きかん》が尖閣諸島《せんかくしょとう》の海底《かいてい》を調査《ちょうさ》した結果《けっか》、たくさんの量《りょう》の原油《げんゆ》があるらしいとわかったんだ

《明治《めいじ》三十年代《ねんだい》の尖閣諸島《せんかくしょとう》》

カツオ節工場の住人が勢揃い

アホウドリの群れ（羽毛採取のため竹でたたく）

掘削した入り江から入港する漁民

右：魚釣島を開拓した故古賀辰四郎氏を称える顕彰碑

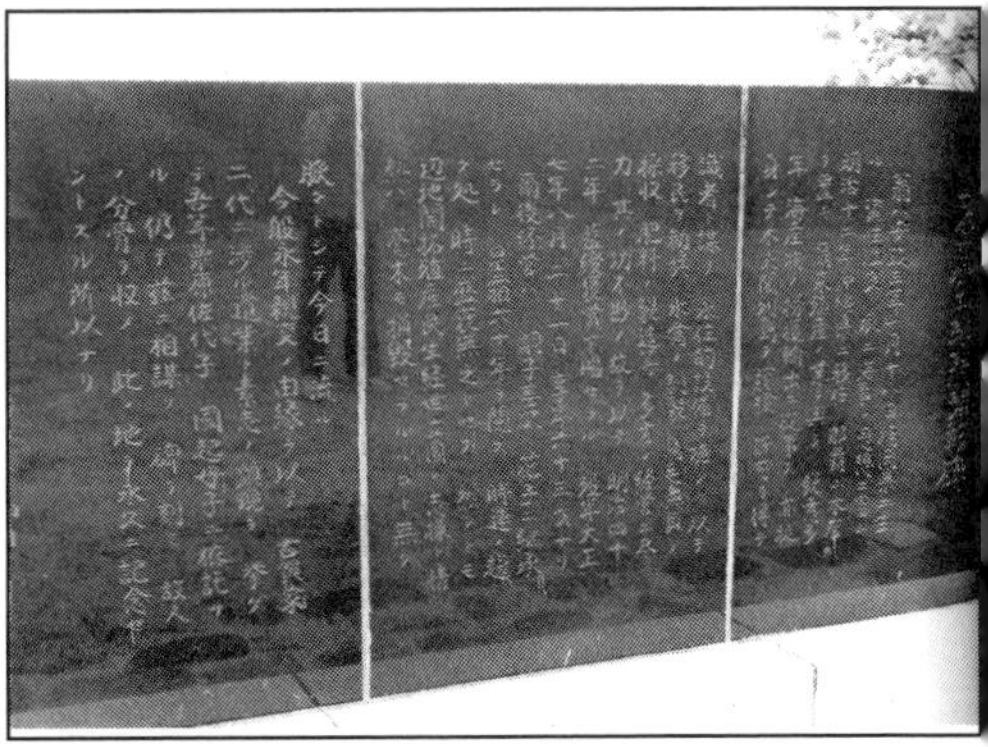

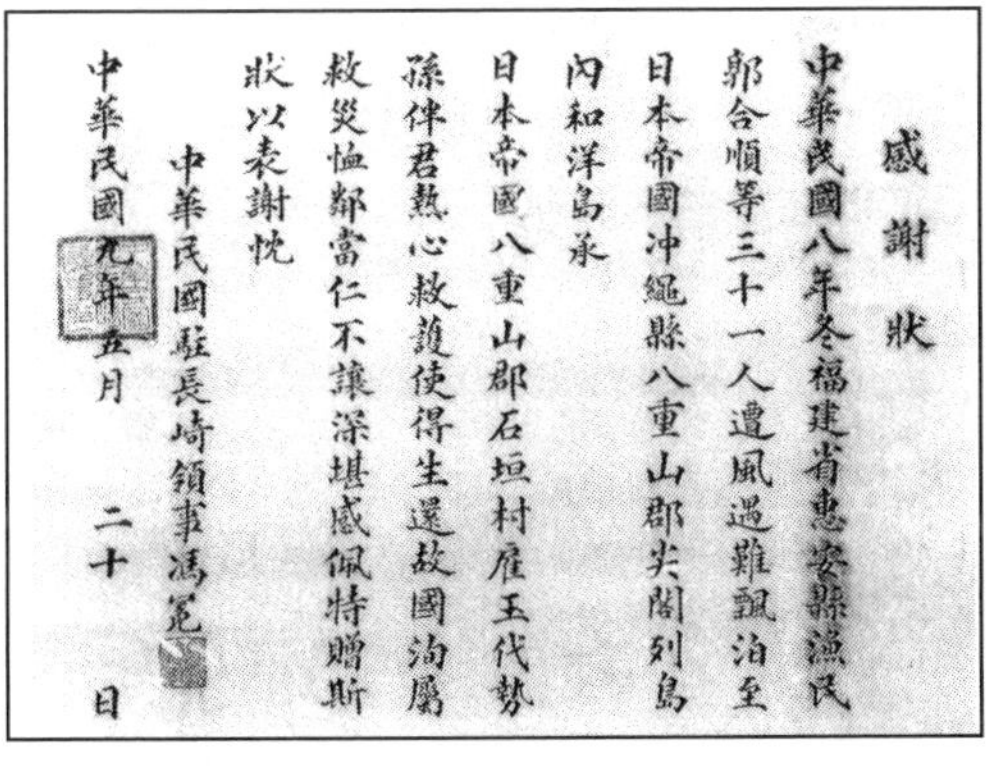

感謝狀

中華民國八年冬福建省惠安縣漁民
郭合順等三十一人遭風遇難飄泊至
日本帝國沖繩縣八重山郡尖閣列島
內和洋島承
日本帝國八重山郡石垣村雇玉代勢
孫伴君熱心救護使得生還故國洵屬
救災恤鄰當仁不讓深堪感佩特贈斯
狀以表謝忱

中華民國駐長崎領事馮冕

中華民國九年五月　二十　日

左：当時の中華民国より、尖閣諸島島民宛に贈られた感謝状。「日本帝国沖縄県八重山郡尖閣列島内和洋島」と明記されている。

中華民国九年とは大正九年のこと。

（写真提供：「危機迫る尖閣諸島の現状」仲間均・著）

よ。それが発表《はっぴょう》されてから、先《さき》に台湾《たいわん》、少《すこ》し遅《おく》れて中国《ちゅうごく》が、尖閣諸島《せんかくしょとう》は自分《じぶん》の国《くに》のものだって言《い》い始《はじ》めた。石油以外《せきゆいがい》にも、たくさんの資源《しげん》が埋《う》まっている可能性《かのうせい》もあるとされている。中国《ちゅうごく》は島《しま》を欲《ほ》しがっているわけじゃなくて、島《しま》の周《まわ》りの海《うみ》の底《そこ》の原油《げんゆ》や資源《しげん》が欲《ほ》しいというわけさ。

あと、これは由香《ゆか》には少《すこ》し難《むずか》しいかもしれないけど、中国《ちゅうごく》が「海洋強国《かいようきょうこく》」を目指《めざ》すと言《い》って、海《うみ》での活動《かつどう》を重視《じゅうし》するようになってきたんだ。できるだけ広《ひろ》い海《うみ》で海底《かいてい》の資源《しげん》を取《と》り出《だ》して利《り》用《よう》したり、仮《かり》に他《ほか》の国《くに》と戦争《せんそう》になったようなときには、陸上《りくじょう》ではなくて海《うみ》で敵《てき》を迎《むか》え撃《う》とうとしていると言《い》われているんだ。陸上《りくじょう》で戦《たたか》うと、国《くに》が破壊《はかい》されるだろう。でも海《うみ》の上《うえ》で戦《たたか》えば、その被害《ひがい》も少《すく》なくて済《す》むからね。それもできるだけ陸《りく》から遠《とお》い海《うみ》のほうがいい。そこで中国《ちゅうごく》にとって問題《もんだい》になるのが尖閣諸島《せんかくしょとう》なんだよ。

　地図《ちず》を見《み》ればすぐにわかるけれど、中国《ちゅうごく》の船《ふね》が外海《がいかい》に出《で》ていくには、尖閣諸島《せんかくしょとう》の周辺《しゅうへん》を自由《じゆう》に航行《こうこう》できると都合《つごう》がいい。地図《ちず》を上下《じょうげ》さかさまにして、中国《ちゅうごく》の立場《たちば》で見《み》てみるとすぐにわかるよ。だから、そのためにも尖閣諸島《せんかくしょとう》は中国《ちゅうごく》の領土《りょうど》にしたいんだよ」

「中国《ちゅうごく》って、そんなに戦争《せんそう》したいのかな。隣《となり》の国《くに》だし、わたしは心配《しんぱい》だな」

「たしかに、すぐに力《ちから》で脅《おど》してくる国《くに》に見《み》えるね。あと、中国《ちゅうごく》が空母《くうぼ》を造《つく》り始《はじ》めたのは知《し》ってるかな？　空母《くうぼ》は戦闘機《せんとうき》や爆撃機《ばくげきき》を積《つ》むことのできる海《うみ》の上《うえ》の基地《きち》といっていい船《ふね》で、これは

南沙群島って中国から
すごく離れているけど
ここまで進出しているのね
中国
日本
南シナ海
西沙群島
中沙群島
ベトナム
南沙群島
フィリピン
ブルネイ
マレーシア

中国《ちゅうごく》が本気《ほんき》で海《うみ》の上《うえ》での戦争《せんそう》を考《かんが》えていると見《み》られても仕方《しかた》がない。

中国《ちゅうごく》は尖閣諸島《せんかくしょとう》で日本《にっぽん》と問題《もんだい》を起《お》こしているけれど、南《みなみ》シナ海《かい》のいくつかの島《しま》でも他《ほか》のアジアの国《くに》、ベトナムやマレーシア、フィリピン、ブルネイなんかと争《あらそ》いを続《つづ》けている。こういう国《くに》にとって、中国《ちゅうごく》が空母《くうぼ》を造《つく》り始《はじ》めたのは恐怖《きょうふ》だよね。中《ちゅう》国《ごく》からの脅《おど》しを受《う》けることになるんだから。もちろん日本《にっぽん》にとっても心配《しんぱい》なことだよ」

「なんか、わたしにはわからないな、難《むずか》しすぎて。やっぱり中国《ちゅうごく》は怖《こわ》い国《くに》だってことはわかるけど」

由香《ゆか》ちゃんが鼻《はな》にシワを寄《よ》せて、難《むずか》しそうな顔《かお》でお父《とう》さんに言《い》いました。

「そうだね、とても複雑《ふくざつ》だからね」

尖閣諸島の歴史

1885（明治18）年
実業家・古賀辰四郎が
明治政府に尖閣諸島の
開発計画を申し出た。

調査の結果
①無人島である
②どこの領土でもない
という二条件を確認

1896（明治29）年頃
石垣島の開拓団が上陸
カツオ節事業が始まる。

〈カツオ節工場で働く
人々の記念写真が残る〉

1920（大正9）年

遭難した中国漁師を救助したとして
中国領事から感謝状が贈られた。

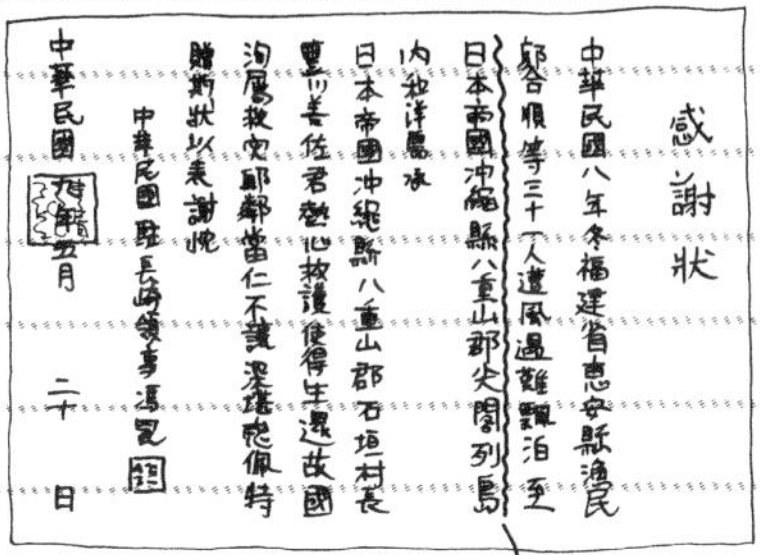

感謝状

中華民國八年冬福建省恵安縣漁民
郭合順等三十一人遭風遇難飄泊至
日本帝國沖縄縣八重山郡尖閣列島
内和洋島承
日本帝國沖縄縣八重山郡石垣村長
豊川善佐君熱心救護使得生還故國
洵屬救災卹鄰當仁不譲深堪感佩特
贈斯状以表謝忱
中華民國駐長崎領事馮冕
中華民國九年五月二十日

「日本帝国沖縄県八重山郡尖閣列島」と書かれている。

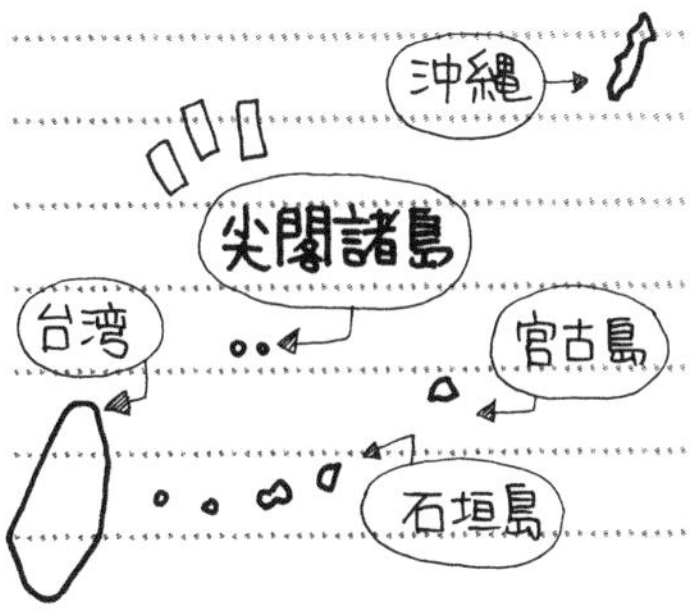

1945（昭和20）年 敗戦

1951（昭和26）年

サンフランシスコ条約により主権を回復するも、尖閣諸島を含む沖縄は返還されず。

1972（昭和47）年

- 沖縄本島とともに尖閣諸島も返還
- 中国、実質領有権を主張しはじめる。

1960年代に周辺海域に石油資源等が埋蔵されているらしいとわかる。

中国の主張

- 尖閣諸島は1895年の段階で〝無主の地ではなく、中国(清朝)が領有していた。また、尖閣諸島は琉球(沖縄)に属するのではなく、台湾に属するので中国の領土である。
- 1971年に領有権を宣言。
- 古文書に記述がある。
- 日本の江戸時代の地図『三国通覧図説』が尖閣諸島を中国領土としている。
- 1562年に刊行された『籌海《ちゅうかい》図編』第一巻『沿海山沙図《えんかいさんさず》』に、福建省に属する島と記されている。
- 1556年に制作された『日本一鑑』に、「台湾に属する小さな島」と書かれている。台湾は中国の一部であり、尖閣諸島も中国領である。
- サンフランシスコ条約では、日本は台湾に対するすべての権利、権限、請求権を放棄しているが、尖閣諸島が台湾に属していることから、尖閣諸島は中国のものである。
- 尖閣諸島を日本が領有した時には、中国(清国)と日本は戦争中で日本に負ける直前だったため、日本が強い軍事力で尖閣諸島を奪った。

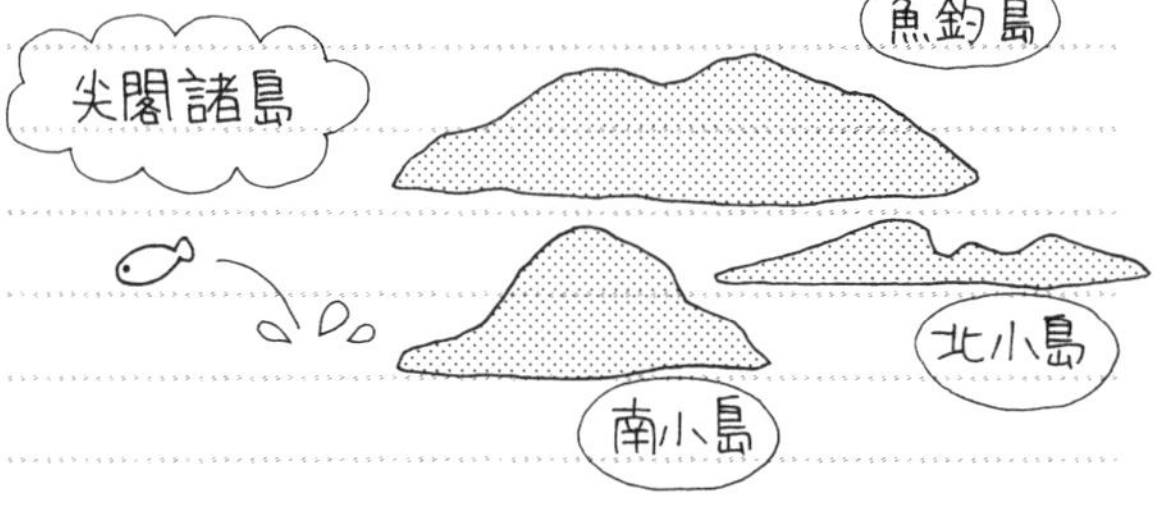

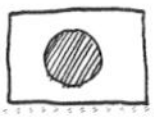

日本の主張

- 福岡県出身の実業家・古賀辰四郎が、1885(明治18)年に当時の明治政府に尖閣諸島の開発計画を申し出、政府の調査を開始。国際法に基づいて1895(明治28)年に日本の領土とした。
- 1896(明治29)年頃に、魚釣島に石垣島の開拓団が上陸し、カツオ節事業を開始した。
- 1920(大正9)年、遭難した中国の漁民を救助した感謝状を中国領事から贈られた。
- 石垣島からの入植者によって開拓された港跡、工場跡がある。
- サンフランシスコ条約に基づき、南西諸島の一部としてアメリカの施政権下に置かれた。
- 日本は第二次大戦中に領土にした台湾や朝鮮などを放棄したが、尖閣諸島は放棄した領土に含まれていない。1972(昭和47)年に、沖縄がアメリカから日本に返還され、尖閣諸島も同時に日本に返還された。

○まとめ○

《現状》

- 尖閣諸島は歴史的にも国際法上も明確に日本の領土であり、日本が実効支配をしているので、領土問題は存在しない。
- 近年、中国は尖閣諸島に対する軍事的圧力を強めており、周辺海域に漁船だけでなく、監視船なども侵入させている。
- 中国では、「日本は悪である」という教育（反日教育）を続けており、世界各国に対しても同様のアピールをしている。
- 中国は一党独裁の国で、国民の不満が政府に向かないように、国外に敵を作って国をまとめようとするところがある。

《どうすればいい？》

- 日本の立場、現状を国内外に正しくアピールしていく。
- 日中二国の間だけでなく、複数の国と話をする形にする。特に、同じように中国と国境や領海トラブルになっている国とは連携していくことが大切。

大事な言葉!!

☆ 社会主義 ＝「国民全員が平等である」ことを目標に国をまとめていく考え方。具体的には、国民が働いて得たお金を政府が管理し、国民全員が平等になるように再分配する。しかし実際は、国の権力が強くなるので一党独裁の温床となり、頑張っても給料が変わらないので国民の生産性は上がらず、1991(平成3)年にソビエト連邦が崩壊すると、採用するのは中国や北朝鮮など一部の国のみになってしまった。

☆ 東南アジア諸国連邦(ASEAN) ＝東南アジアの10カ国(インドネシア・シンガポール・タイ・フィリピン・マレーシア・ブルネイ・ベトナム・ミャンマー・ラオス・カンボジア)の経済・社会・政治・安全保障・文化における地域協力機構。1967(昭和42)年に5カ国で発足。

☆ シェールガス ＝頁岩(シェール)という堆積岩の一種から採取することができる天然ガス。従来のガス田と別の場所から採掘できるため、新しい天然資源として注目されている。ただ、これまでより深い地層を掘るため、採掘に伴う地下水の汚染や誘発地震などが懸念されている。
また、頁岩の中でも有機物の多いものは工業的な処理を加えることで石油(オイルシェール)を採取できるので、こちらも同様に新しいエネルギー源として期待されているが、やはり採掘の際の廃水汚染、燃焼の際の大気汚染などが考えられ、これらの利用に反対する科学者も多い。

【コラム】新しいエネルギー「メタンハイドレート」

埋蔵量に限りのある石油、石炭などに変わるエネルギー源として、シェールガスと共に注目されているのがメタンハイドレートである。

メタンハイドレートは、天然ガスの一種で、主に海底に埋蔵されており、特に日本近海は世界有数の埋蔵量であることが最近の研究で明らかになった。

メタン燃焼時の二酸化炭素排出量は石油や石炭よりも大幅に少なく、環境の面からも期待が大きい。

ただ固形燃料なので採掘が難しいのと、まだまだ研究途中なので、安全面など課題も多い。また化石燃料なので、最近流行の再生可能エネルギーではない。

しかし、石油や天然ガスなどこれまでのエネルギー源をほとんど輸入に頼ってきた日本にとって、国産のエネルギー源としてのメタンハイドレートへの期待は大きい。

そして、領海を接する中国や韓国の思惑も、埋蔵されているエネルギー源の確保ともちろん無縁ではない。時の政府には、それもふまえた外交政策、そしてエネルギー政策を期待したい。

☆三章《しょう》☆

どうして韓国《かんこく》は大人《おとな》げない主張《しゅちょう》をするの？

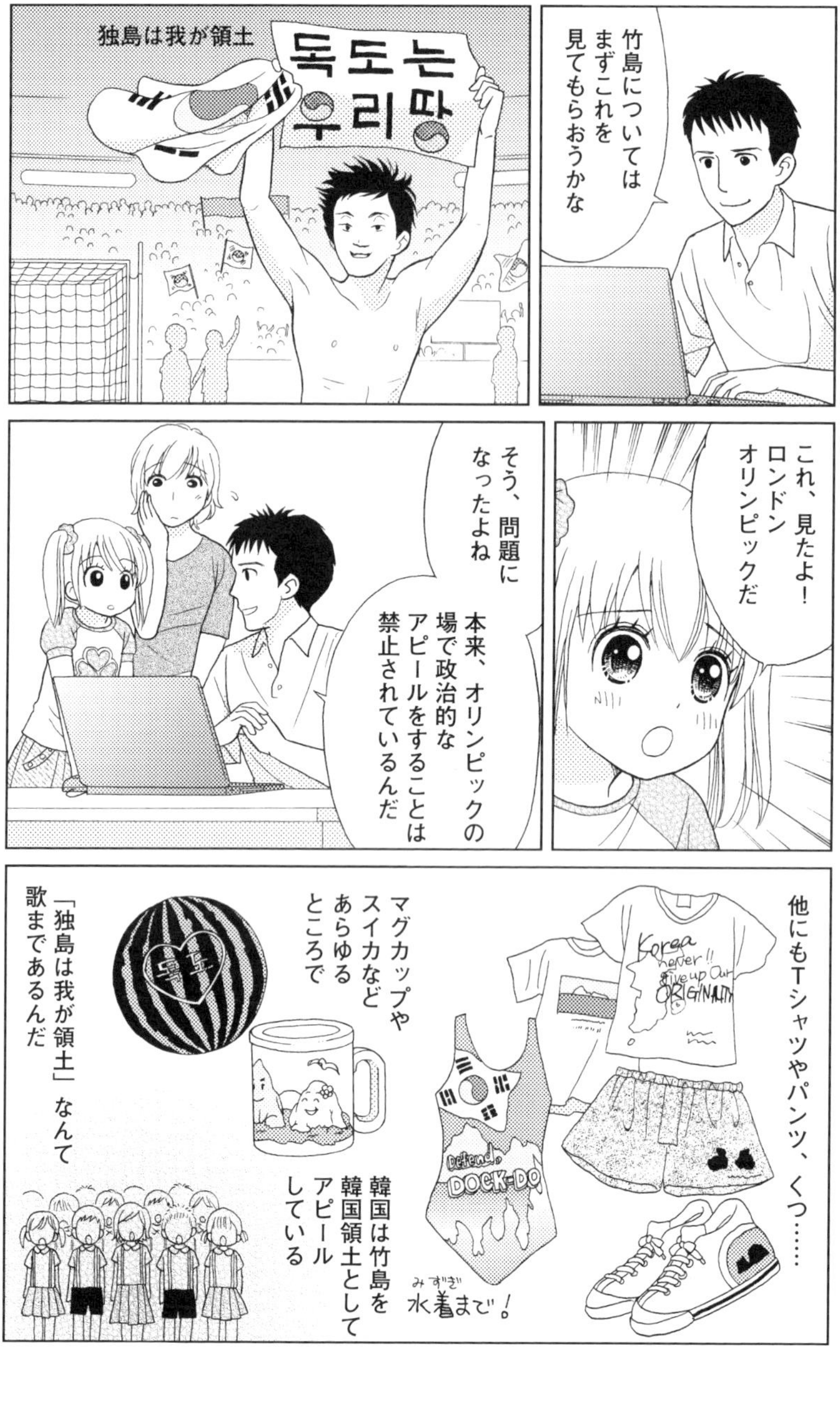
竹島についてはまずこれを見てもらおうかな
독도는 우리땅
独島は我が領土
これ、見たよ！ロンドンオリンピックだ
そう、問題になったよね
本来、オリンピックの場で政治的なアピールをすることは禁止されているんだ
他にもTシャツやパンツ、くつ……
Korea
Defend
DOCK-DO
水着《みずぎ》まで！
韓国は竹島を韓国領土としてアピールしている
マグカップやスイカなどあらゆるところで
「独島は我が領土」なんて歌まであるんだ

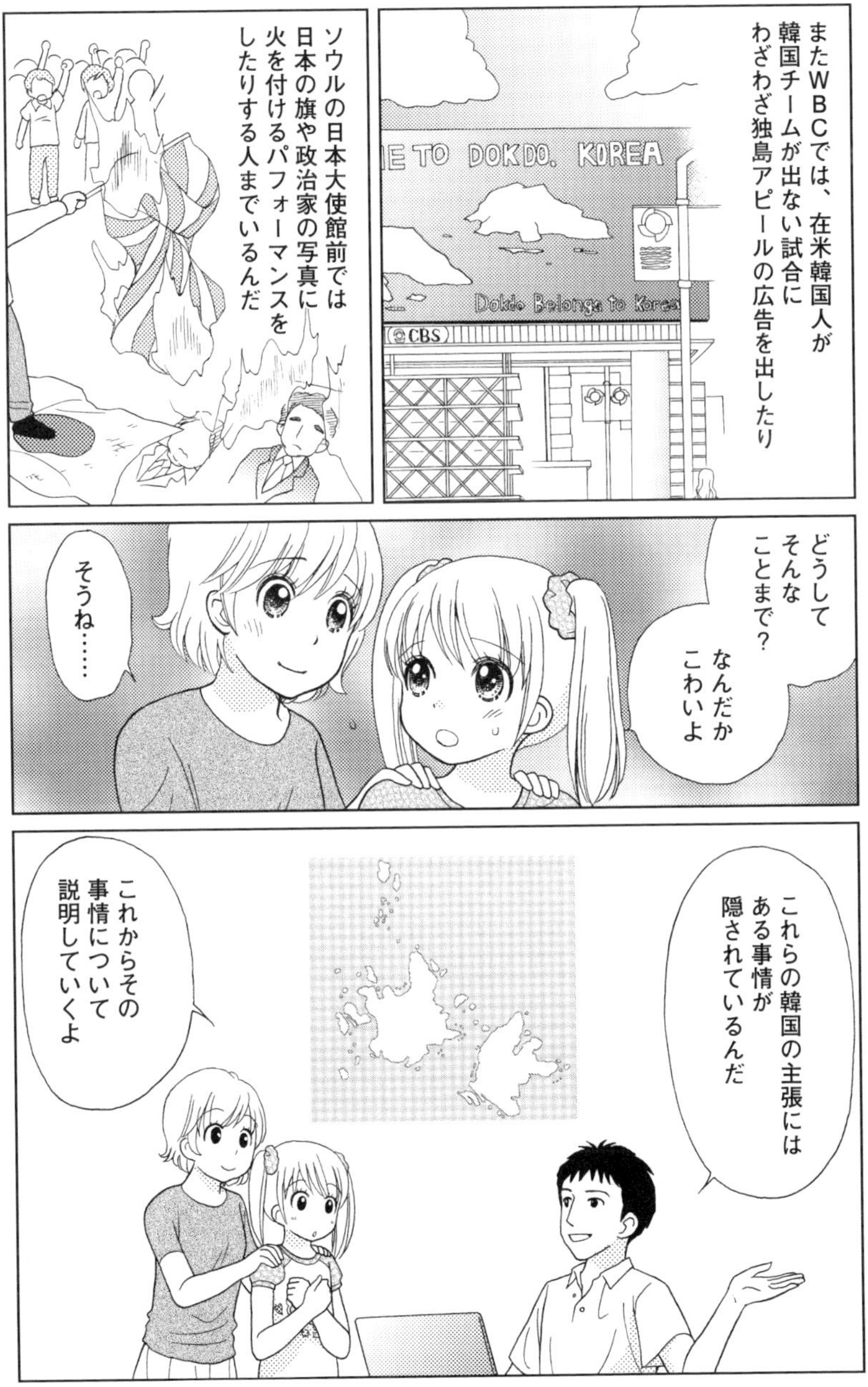

またWBCでは、在米韓国人が韓国チームが出ない試合にわざわざ独島アピールの広告を出したり
ME TO DOKDO, KOREA
Dokdo Belongs to Korea
CBS
ソウルの日本大使館前では日本の旗や政治家の写真に火を付けるパフォーマンスをしたりする人までいるんだ
どうしてそんなことまで？
なんだかこわいよ
そうね……
これらの韓国の主張にはある事情が隠されているんだ
これからその事情について説明していくよ

竹島は隠岐諸島の北西１５７㎞、北緯 37 度 14 分、東経１３１度 52 分に位置する島。東島（女島）と西島（男島）の二つの小島と、周囲の 89 の岩礁で構成されている。総面積は０・21 平方㎞。韓国の鬱陵島からは約 87 ㎞離れている。

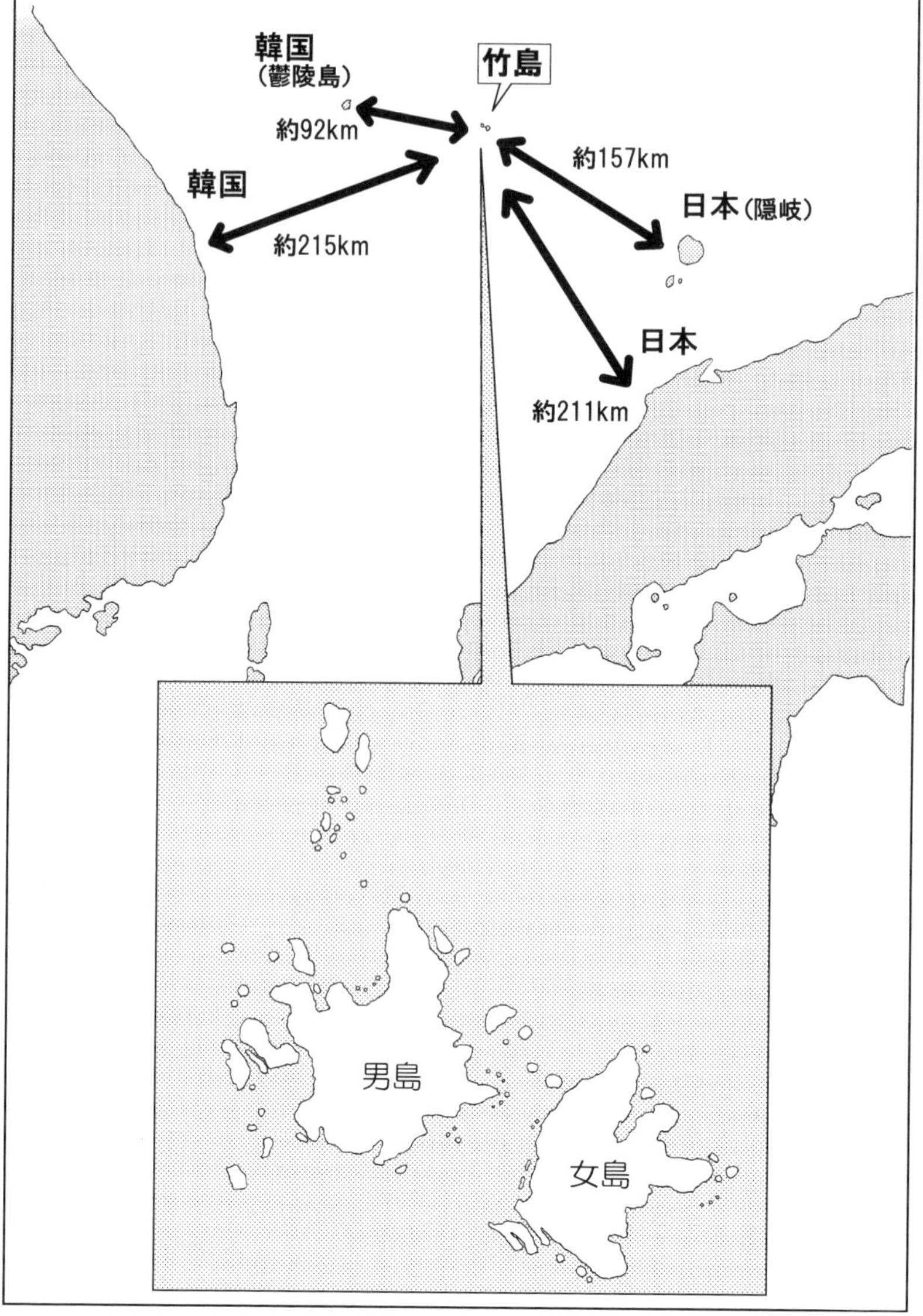
韓国
（鬱陵島）
竹島
約92km
韓国
約215km
約157km
日本（隠岐）
日本
約211km
男島
女島

力《ちから》で奪《うば》われた竹島《たけしま》

「竹島《たけしま》について話《はな》すことにしよう。竹島《たけしま》は韓国《かんこく》では独島《ドクト》と呼《よ》ばれているけれど、結論《けつろん》から言《い》えば竹島《たけしま》も完全《かんぜん》な日本《にっぽん》の領土《りょうど》だよ。ただ、尖閣諸島《せんかくしょとう》と違《ちが》うのは、竹島《たけしま》は韓国《かんこく》が違法《いほう》に日本《にっぽん》から奪《うば》い取《と》って支配《しはい》、占有《せんゆう》しているということなんだ。だから、日本人《にっぽんじん》は韓国《かんこく》の許可《きょか》が出《で》ないと竹島《たけしま》に行《い》くこともできないんだ」

「え？　それって、韓国《かんこく》が日本《にっぽん》と戦争《せんそう》して竹島《たけしま》をとったということなの？」

由香《ゆか》ちゃんが驚《おどろ》いた顔《かお》でお父《とう》さんを見《み》つめました。

「いや、戦争《せんそう》をしたわけじゃない。日本《にっぽん》が第二次世界大戦《だいにじせかいたいせん》に負《ま》けて、国《くに》がまだ安定《あんてい》していなかったときに、そのどさくさにまぎれて日本《にっぽん》の領土《りょうど》の竹島《たけしま》を、韓国《かんこく》が占領《せんりょう》してしまったんだ。当時《とうじ》の韓国《かんこく》の李承晩大統領《イスンマンだいとうりょう》が、一方的《いっぽうてき》に軍事境界線《ぐんじきょうかいせん》を引《ひ》いて、竹島《たけしま》も韓国側《かんこくがわ》の領土《りょうど》に入《い》れたんだよ。海《うみ》の資源《しげん》を独占《どくせん》することや、領土《りょうど》を広《ひろ》げるのが目的《もくてき》でね。この境界《きょうかい》のなかに入《はい》った日本《にっぽん》の船《ふね》が捕《つか》まったり、銃撃《じゅうげき》を受《う》けて亡《な》くなった漁師《りょうし》さんもいるんだ。

これに日本《にっぽん》もアメリカも「国際法上《こくさいほうじょう》の慣例《かんれい》を無視《むし》した」として強《つよ》く抗議《こうぎ》したんだけれど、1965（昭和《しょうわ》40）年《ねん》に日本《にっぽん》と韓国《かんこく》の漁業協定《ぎょぎょうきょうてい》が結《むす》ばれるまで、竹島近海《たけしまきんかい》で漁《りょう》をしていた日本人《にっぽんじん》の漁師《りょうし》さんが4000人近《にんちか》く捕《つか》まって韓国《かんこく》でひどい生活《せいかつ》をさせられたんだよ。

同《おな》じ年《とし》の日韓基本条約《にっかんきほんじょうやく》を経《へ》て韓国《かんこく》と国交《こっこう》が結《むす》ばれたあとも、韓国《かんこく》は竹島《たけしま》は韓国《かんこく》のものだと主張《しゅちょう》して、現在《げんざい》まできた。だから、竹島《たけしま》は国際法上《こくさいほうじょう》からも歴史上《れきしじょう》からも日本《にっぽん》の領土《りょうど》だけれど、それを不法《ふほう》に占拠《せんきょ》しているのが韓国《かんこく》なんだよ。

竹島《たけしま》が日本《にっぽん》の領土《りょうど》だということははっきりしているけれど、これから、その理由《りゆう》を説明《せつめい》するよ。まず、日本《にっぽん》の政府《せいふ》が竹島《たけしま》を日本《にっぽん》の領土《りょうど》にしたのは1905（明治《めいじ》38）年《ねん》だから、お父《とう》さんやお母《かあ》さんの両親《りょうしん》も生《う》まれていない昔《むかし》だね。お祖父《じい》ちゃんやお祖母《ばあ》ちゃんの時代《じだい》だ。それ以前《いぜん》、江戸時代《えどじだい》にも、その頃《ころ》の日本人《にっぽんじん》は竹島《たけしま》が日本《にっぽん》の島《しま》だと考《かんが》えていて、漁師《りょうし》の人《ひと》が島《しま》に上陸《じょうりく》していたんだ。

ここで覚《おぼ》えておいてほしいのが、江戸時代《えどじだい》には竹島《たけしま》は『松島《まつしま》』と呼《よ》ばれていたことと、この松島《まつしま》の近《ちか》くに『鬱陵島《うつりょうとう》』という島《しま》があって、鬱陵島《うつりょうとう》が竹島《たけしま》という名前《なまえ》だったということ。まぎらわしいけど大事《だいじ》なことなんだよ。どうしてかというと、今《いま》、韓国《かんこく》が占有《せんゆう》している竹島《たけしま》は、もともと韓国《かんこく》が考《かんが》えている竹島《たけしま》じゃない可能性《かのうせい》が高《たか》いということなんだ。

鬱陵島《うつりょうとう》は、もともと一《ひと》つの国《くに》で、韓国《かんこく》、当時《とうじ》の朝鮮《ちょうせん》に支配《しはい》された歴史《れきし》がある。でも、鬱陵島《うつりょうとう》

の人《ひと》たちが朝鮮半島《ちょうせんはんとう》の村人《むらびと》を襲《おそ》ったりしたことから、朝鮮《ちょうせん》は鬱陵島《うつりょうとう》に人《ひと》が住《す》まないように命令《めいれい》して無《む》人島《じんとう》になっていたんだ。

そのあと、江戸時代《えどじだい》に日本人《にっぽんじん》が鬱陵島《うつりょうとう》で漁《りょう》を始《はじ》めたんだけれど、そこに朝鮮《ちょうせん》からの密猟者《みつりょうしゃ》がやってきて鬱陵島《うつりょうとう》の領有権争《りょうゆうけんあらそ》いが起《お》こった。逆《ぎゃく》に言《い》えば、竹《たけ》島《しま》はまったく韓国《かんこく》と関係《かんけい》がない島《しま》で、江戸時代《えどじだい》から日本《にっぽん》の領土《りょうど》なんだよ。鬱陵島《うつりょうとう》については、今言《いまい》ったように一時《いちじ》、争《あらそ》っていたけどね」

「鬱陵島《うつりょうとう》と竹島《たけしま》って、資料《しりょう》では87kmほど離《はな》れているって書《か》いてあるし、これだけ離《はな》れていれば、鬱陵《うつりょう》島《とう》と竹島《たけしま》を間違《まちが》えることはないでしょう。わたしだってそのくらいのことはわかるよ。韓国《かんこく》の人《ひと》はわからないわけ？」

「普通《ふつう》はそう思《おも》うね。だけど、韓国《かんこく》では、韓国《かんこく》の古《ふる》い資料《しりょう》（『世宗実録地理志《せいそうじつろくちりし》』１４５４年成立《ねんせいりつ》）に『鬱陵島《うつりょうとう》と于山島《うざんとう》は朝鮮古来《ちょうせんこらい》の島《しま》である』と書《か》いてあると言《い》っていて、于山島《うざんとう》は竹島《たけしま》のことだから韓国《かんこく》の領土《りょうど》だと言《い》ってきている。他《ほか》にもいくつか資料《しりょう》のようなものがあると言《い》っているけれど、地図《ちず》を見《み》るとわかるけれど、この于山《うざん》島《とう》も鬱陵島《うつりょうとう》のことで、竹島《たけしま》じゃないんだ。距離《きょり》がまったく違《ちが》うのですぐにわかる。それに、于《う》山島《ざんとう》には于山国《うざんこく》という国《くに》があったと書《か》いてあるけれど、竹島《たけしま》は飲料水《いんりょうすい》も農地《のうち》もなく、断崖絶壁《だんがいぜっぺき》の島《しま》で、国《くに》があったはずがないんだよ」

「それなら、于山島《うざんとう》が鬱陵島《うつりょうとう》だってすぐにわかるじゃない？　それなのに韓国《かんこく》は竹島《たけしま》が于山島《うざんとう》だって言《い》うのはものすごく無理《むり》があるよね。わたし的《てき》にはちょっと許《ゆる》せないな。屁理屈《へりくつ》を言《い》ってるようにしか思《おも》えない。それに、テレビを見《み》ると、韓国《かんこく》の人《ひと》は、みんな竹島《たけしま》は韓国《かんこく》のものだと自信《じしん》を持《も》って言《い》ってるのもわからないよ。疑問《ぎもん》を持《も》つ人《ひと》はいないのかな」

「そう、由香《ゆか》も不思議《ふしぎ》に思《おも》うよね。ただ、韓国《かんこく》にとっては理屈《りくつ》はどうでもいいのかもしれないよ。何《なに》が何《なん》でも竹島《たけしま》は韓国《かんこく》のものだって言《い》いたいんじゃないかな。韓国《かんこく》では、竹島《たけしま》は韓国《かんこく》のものだっていうことを、学校《がっこう》でも熱心《ねっしん》に教《おし》えているしね。独島《ドクト》は韓国《かんこく》の島《しま》だっていう歌《うた》まであるんだ。それに中国《ちゅうごく》も同《おな》じだけれど、『反日教育《はんにちきょういく》』っていって、戦争中《せんそうちゅう》の日本《にっぽん》の軍隊《ぐんたい》のことを取《と》り上《あ》げて、日本人《にっぽんじん》がどれほど残酷《ざんこく》でひどい人間《にんげん》かということを、ずっと学校《がっこう》で教《おし》えてきた。

①

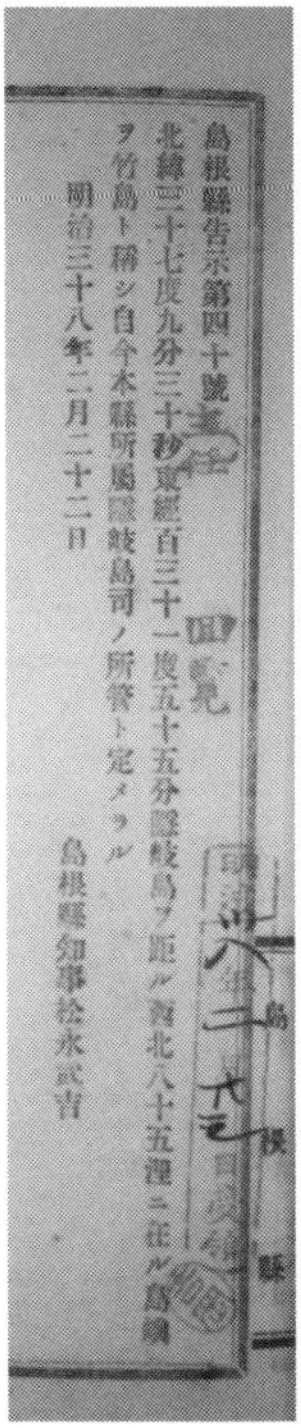
島根縣告示第四十號
北緯三十七度九分三十秒東經百三十一度五十五分隱岐島ヲ距ル西北八十五浬ニ在ル島嶼ヲ竹島ト稱シ自今本縣所屬隱岐島司ノ所管ト定メラル
明治三十八年二月二十二日
島根縣知事松永武吉

②

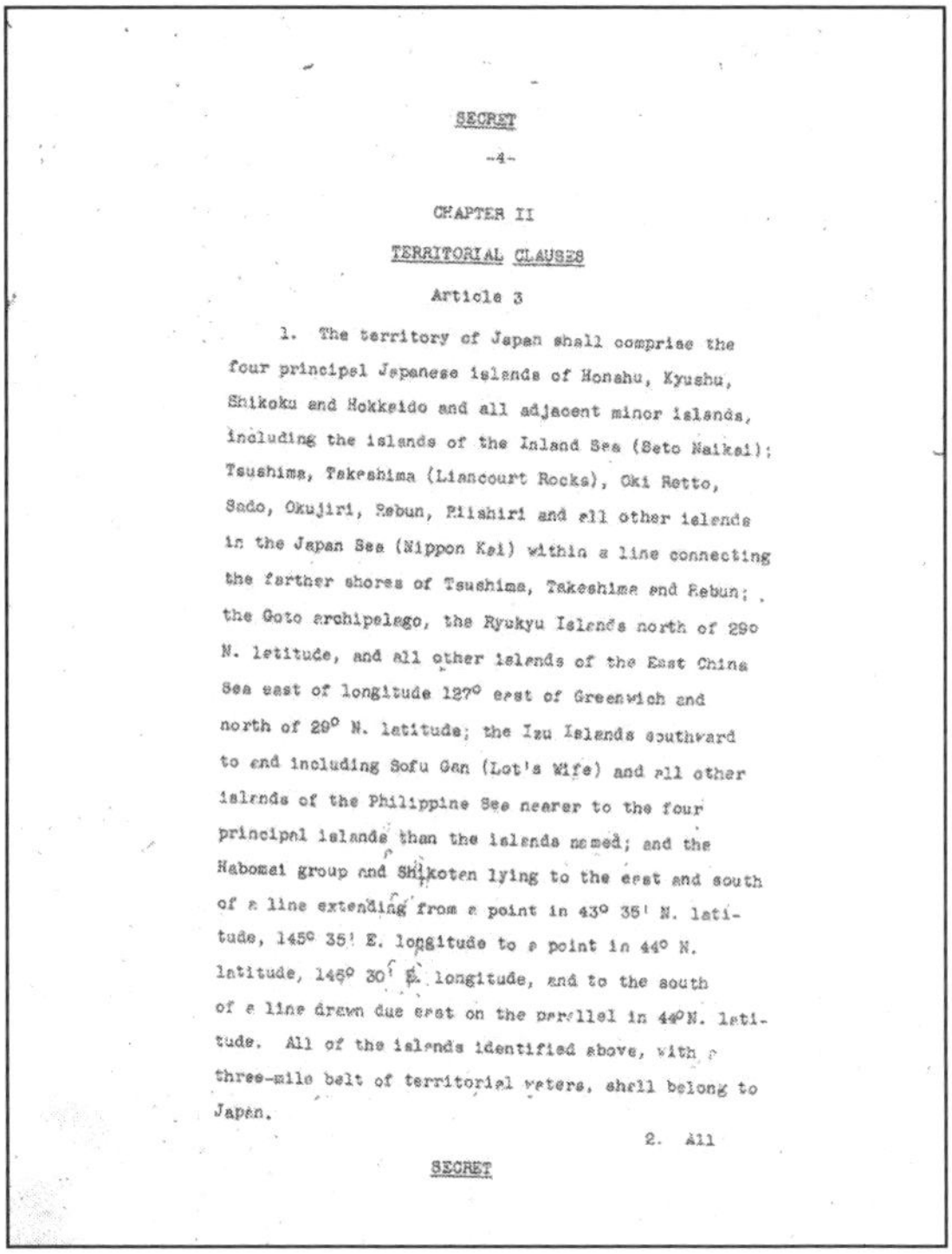
SECRET

-4-

CHAPTER II

TERRITORIAL CLAUSES

Article 3

1. The territory of Japan shall comprise the four principal Japanese islands of Honshu, Kyushu, Shikoku and Hokkaido and all adjacent minor islands, including the islands of the Inland Sea (Seto Naikai); Tsushima, Takeshima (Liancourt Rocks), Oki Retto, Sado, Okujiri, Rebun, Riishiri and all other islands in the Japan Sea (Nippon Kai) within a line connecting the farther shores of Tsushima, Takeshima and Rebun; the Goto archipelago, the Ryukyu Islands north of 29° N. latitude, and all other islands of the East China Sea east of longitude 127° east of Greenwich and north of 29° N. latitude; the Izu Islands southward to and including Sofu Gan (Lot's Wife) and all other islands of the Philippine Sea nearer to the four principal islands than the islands named; and the Habomai group and Shikotan lying to the east and south of a line extending from a point in 43° 35' N. latitude, 145° 35' E. longitude to a point in 44° N. latitude, 145° 30' E. longitude, and to the south of a line drawn due east on the parallel in 44° N. latitude. All of the islands identified above, with a three-mile belt of territorial waters, shall belong to Japan.

2. All

SECRET

①：竹島の島根県編入を示す島根県告示

②：竹島が韓国領であることを明確に否定したアメリカの公式文書（ラスク書簡）

③

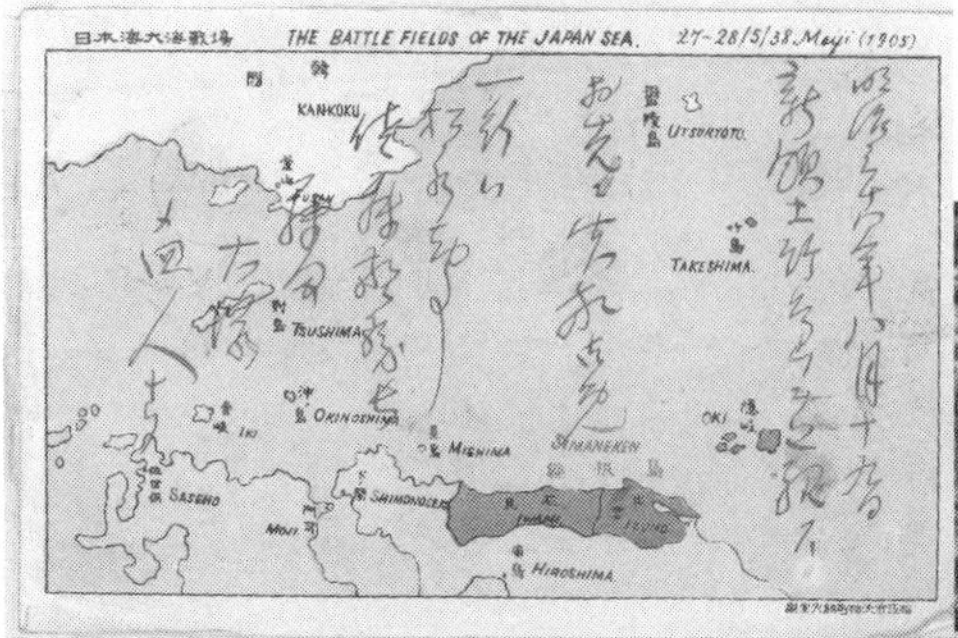

③：1905 年 8 月 19 日、この年に島根県に編入された竹島の視察途中で、当時の松永武吉知事が隠岐島庁の知人に送った絵はがき。「新領土竹島を巡視する」と書かれている

④：1953 年 6 月 27 日、島根県が竹島に建てた日本の領土であることを示す標柱

（写真提供：①③④島根県竹島資料室）

だから、小《ちい》さい頃《ころ》から韓国《かんこく》の人《ひと》は竹島《たけしま》は韓国《かんこく》のものだって信《しん》じてるし、心《こころ》の奥《おく》では、今《いま》も日《にっ》本人《ぽんじん》を敵視《てきし》する人《ひと》が少《すく》なくないように思《おも》うね。お父《とう》さんの知《し》ってる範囲《はんい》では、おそらく世界《せかい》で他《ほか》の国《くに》のことを敵視《てきし》して子《こ》どもたちに教育《きょういく》しているのは、中国《ちゅうごく》と韓国《かんこく》、北朝鮮《きたちょうせん》くらいじゃないかと思《おも》うよ。

例《たと》えば、先進諸国《せんしんしょこく》は、たとえ昔《むかし》は戦争《せんそう》していた国《くに》どおしでも、今《いま》は、それを反省《はんせい》して、できるだけ平和《へいわ》に付《つ》き合《あ》おうとするのが普通《ふつう》なんだ。特《とく》に子《こ》どもたちには世界中《せかいじゅう》の国《くに》とできるだけ仲良《なかよ》く付《つ》き合《あ》いましょうという教育《きょういく》をしている。その代表的《だいひょうてき》なのが日本《にっぽん》とアメリカかもしれない。日本《にっぽん》はアメリカと戦争《せんそう》をしていた過去《かこ》があるけれど、今《いま》はお互《たが》いに協力《きょうりょく》し合《あ》う国《くに》になっているよね。

ところが、中国《ちゅうごく》と韓国《かんこく》は、戦争《せんそう》が終《お》わって70年近《ねんちか》くなるのに、まだ反日教育《はんにちきょういく》を続《つづ》けているんだ。北朝鮮《きたちょうせん》もそう」

「それは、わたしもよくわかるよ。日本《にっぽん》と韓国《かんこく》のサッカーの試合《しあい》を見《み》てるとすごくわかる。この前《まえ》のオリンピックでは、日本《にっぽん》は韓国《かんこく》に負《ま》けてしまったけど、韓国《かんこく》の選手《せんしゅ》が竹島《たけしま》は韓国《かんこく》のものだって書《か》いた紙《かみ》を持《も》って見《み》せていたよね。韓国《かんこく》で日本《にっぽん》のチームが試合《しあい》をしたときも、観客《かんきゃく》がものすごいブーイングだったこともあるし、韓国《かんこく》も、中国《ちゅうごく》と同《おな》じで日本《にっぽん》のことが大嫌《だいきら》いなんだと思《おも》った」

映画なんかでも強い敵が出てくると団結するだろう？
日本を悪く言うことで自分たちの政権を守ろうとしているんだよ
あんまり悪く言われるとこっちだってキライになっちゃうよ

お父《とう》さんが軽《かる》くうなずいて話《はなし》を続《つづ》けました。

「日本人《にっぽんじん》の多《おお》くが、中国《ちゅうごく》も韓国《かんこく》も日本《にっぽん》のことを嫌《きら》っていると感《かん》じていると思《おも》うし、逆《ぎゃく》に、今《いま》、日《にっ》本人《ぽんじん》は中国《ちゅうごく》や韓国《かんこく》のことに親《した》しみを感《かん》じる人《ひと》は減《へ》ってきている。仕方《しかた》がないと思《おも》うよ。特《とく》に２０１２（平成《へいせい》24）年《ねん》の８月《がつ》に、韓国《かんこく》の李《イ》明博《ミョンバク》大統領《だいとうりょう》（当時《とうじ》）が、大統領《だいとうりょう》として初《はじ》めて竹島《たけしま》に上陸《じょうりく》したり、天皇陛下《てんのうへいか》に失礼《しつれい》な発言《はつげん》をしてから、韓国《かんこく》を嫌《きら》う日本人《にっぽんじん》がすごく増《ふ》えたんだ。当時《とうじ》の野田佳彦首相《のだよしひこしゅしょう》が、李大統領《イだいとうりょう》に親書《しんしょ》を送《おく》ったのに、それを返《かえ》して寄《よ》こすような、国際社会《こくさいしゃかい》からみると、信《しん》じられない失礼《しつれい》なこと、国交《こっこう》が断絶《だんぜつ》してもおかしくないようなこともしてるんだ」

「どうして李大統領《イだいとうりょう》が竹島《たけしま》に上陸《じょうりく》したかと言《い》えば、李大統領《イだいとうりょう》の韓国《かんこく》での人気《にんき》が下《さ》がったこと、それに親戚《しんせき》のなかに罪《つみ》を犯《おか》した人《ひと》が出《で》て、ひょっとすると李大統領《イだいとうりょう》も関係《かんけい》しているかもしれないということになって、そんな立場《たちば》を何《なん》とか回復《かいふく》するため、人気回復《にんきかいふく》を狙《ねら》って竹島《たけしま》に上陸《じょうりく》したって言《い》われてるんだ。結局《けっきょく》、中国《ちゅうごく》も韓国《かんこく》も、それに北方領土《ほっぽうりょうど》を不法占拠《ふほうせんきょ》しているロシアでも、自《じ》分《ぶん》の国《くに》で政治家《せいじか》の人気《にんき》がなくなったときに、必《かなら》ず日本《にっぽん》が持《も》ちだされるんだ」

「そうか、ひょっとすると、サッカーの試合《しあい》で、相手《あいて》が強《つよ》いとチームがまとまりやすい気《き》がするけど、それと同《おな》じようなこと？」

「そう、由香《ゆか》、よくわかったね。ほとんど同《おな》じだよ。サッカーの場合《ばあい》は相手《あいて》は敵《てき》じゃなくて、サッカーが大好《だいす》きな仲間《なかま》だということが大《おお》きな違《ちが》いだけどね。中国《ちゅうごく》と韓国《かんこく》では、こんな外《そと》に敵《てき》を作《つく》るようなことを教育《きょういく》として長《なが》い間続《あいだつづ》けているんだよ。こういう話《はなし》をしていくと、由香《ゆか》にも、その国《くに》の教育《きょういく》がどれほど大切《たいせつ》なものなのかわかるんじゃないかな。その国《くに》の将来《しょうらい》にとって、子《こ》どもたちにどんな教育《きょういく》をするかは何《なに》よりも大切《たいせつ》なことなんだよ。中国《ちゅうごく》と韓国《かんこく》が日本《にっぽん》のことについて教《おし》えている内容《ないよう》のなかにはウソもあるしね」

「ウソを教《おし》えているの？　ひどいね」

「怖《こわ》いのは、何度《なんど》も繰《く》り返《かえ》して教《おし》えられると、ウソも本当《ほんとう》のこととして信《しん》じられてしまうことなんだよ。少《すこ》し話《はなし》がそれるけれど、昔《むかし》、ドイツにナチスっていう政党《せいとう》があった。正《ただ》しくは『国《こっ》家社会主義《かしゃかいしゅぎ》ドイツ労働者党《ろうどうしゃとう》』っていう名前《なまえ》だけどね。アドルフ・ヒットラーって言《い》えばわかるだろう。ナチスはヒットラーが党首《とうしゅ》で、ドイツの政治《せいじ》を動《うご》かしていたんだ。このナチスに、ヨーゼフ・ゲッベルスっていう宣伝大臣《せんでんだいじん》がいたんだけれど、この人《ひと》は『大《おお》きなウソを何度《なんど》も繰《く》り返《かえ》せば、人々《ひとびと》は最後《さいご》にはそのウソを信《しん》じるようになるだろう』って言《い》ってる」

「それじゃ、中国《ちゅうごく》や韓国《かんこく》とは仲良《なかよ》くなれないと思《おも》うな。ウソを信《しん》じ切《き》っている人《ひと》は、こちらの考《かんが》え方《かた》を聞《き》こうとはしないだろうし。わたしとしては残念《ざんねん》だよ」

「お母《かあ》さんの友《とも》だちが、去年《きょねん》、イタリアに行《い》ってきたんだけど、韓国人《かんこくじん》のなかには、旅行先《りょこうさき》で何《なに》かトラブルがあったときに、自分《じぶん》は日本人《にっぽんじん》だって言《い》って逃《に》げる人《ひと》が多《おお》いって聞《き》いたらしいの。それ以来《いらい》、韓国《かんこく》のことが大嫌《だいきら》いになったって言《い》ってたわ」

「何《なに》それ、信《しん》じられない。わたしも嫌《きら》いになりそう」

「いや、この前《まえ》お父《とう》さんが言《い》ったけど、中国《ちゅうごく》、韓国《かんこく》といっても、ひとくくりにしちゃいけない

ウソを信じて こっちの話を 聞いてくれない人とは どう仲良くなって いいのかわからないな
わるいのは あの子なのよ。
ムキーー!
時間をかけて ひとつずつ 誤解を解くしか ないわね

よ。どちらの国《くに》にも、素晴《すば》らしい人《ひと》はたくさんいるからね。同《おな》じことは日本《にっぽん》にも当《あ》てはまるしね。

だから、韓国《かんこく》にも、日本《にっぽん》にも、いろいろな人《ひと》がいるから、そんな人《ひと》もいても不思議《ふしぎ》じゃないってくらいの気持《きも》ちで受《う》け止《と》めておくくらいでいいんじゃないかな。ただ、国《くに》のレベルで考《かんが》えると、すぐに仲良《なかよ》くなれそうにもないね。ゆっくりと時間《じかん》をかけて話《はな》し合《あ》いを続《つづ》けていくしかないと思《おも》うよ」

【コラム】朝鮮戦争

日本のポツダム宣言受諾を受けて、第二次世界大戦は終戦、それまで日本に併合されていた朝鮮半島は、日本の統治下を離れることになった。

連合国内では、半島を二分した北緯38度線から北を占領していたソ連と、南を占領していたアメリカの間で朝鮮半島統治の話し合いが続けられたが、やがて金日成を中心とする共産主義勢力と、李承晩を中心とする反共産主義勢力が対立。

その結果、1948（昭和23）年に李承晩が大韓民国（韓国）を、金日成が朝鮮民主主義人民共和国（北朝鮮）をそれぞれ建国した。こうして北緯38度線を境に、朝鮮半島に二つの国家が成立したのである。

その翌年に中国共産党が中華人民共和国を成立させると、北朝鮮は中国、さらにソ連の後ろ盾を得て、1950（昭和25）年に朝鮮半島統一を目指し韓国へ侵攻した。朝鮮戦争の勃発である。

アメリカをはじめとする国連軍は韓国を支援し、さながら米ソの代理戦争の様相を呈した。戦争は1952（昭和27）年初めに事実上の休戦状態になったが、正式に休戦協定により停戦したのは翌1953（昭和28）年のことで、現在も両国間は緊張状態にある。

ちなみに韓国初代大統領の李承晩が竹島と対馬の領有を宣言、竹島を不法占拠したのは停戦協定が結ばれる前の話である。

竹島の歴史

17世紀初め

大谷甚吉と村川市兵衛が幕府の許可を得て、年1回鬱陵島に渡航し、あわび採取、あしか漁、樹木伐採に従事していた。その際、竹島を船がかりや居留地として使用していた。

17世紀終わり

鬱陵島にて、朝鮮との領有権交渉が行われ、鬱陵島は渡航禁止となった。
→これを「竹島一件」という。

※ただし、この交渉に竹島は含まれていない。

1905（明治38）年

明治政府が竹島の島根県編入を閣議決定する。

日本領であることを確認

竹島は島根県に！

1945（昭和20）年　敗戦

1951（昭和26）年

サンフランシスコ条約により日本領に復帰。

1952（昭和27）年

李承晩ラインにより韓国の不法占拠開始。

この間、韓国軍により
抑留者 3,929人
拿捕船舶数 328隻
死傷者 44名

1965（昭和40）年

日韓基本条約により国交が回復。

現在も軍を駐留させ、不法占拠を続けている。

韓国は現在も国際司法裁判所への提訴に応じていない。

韓国の主張

- ✿ 6世紀から新羅王朝が領有していた。
- ✿ 古文書に記述がある。
- ✿ 1900年に政府が勅令で独島を鬱陵島の管轄区域に入れる。
- ✿ 日本は韓国領と知りながら、不当に独島を自国領に組み込んだ。
- ✿ 日本は日本の領土に編入したことを 韓国政府に通報せず、広く内外には知らせなかった。
- ✿ 国際法上では日本への領土編入は無効である。
- ✿ 当時、韓国は日本の保護国で外交権を奪われていたため、抗議できなかった。

日本の主張

- 江戸時代初期（17世紀前半）には領有を確立していた。
- 1905（明治38）年に日本の領土に編入。
- 第二次世界大戦後、アメリカが日本領土として竹島を射撃訓練場に利用していた。
- サンフランシスコ条約で日本が放棄する領土に竹島は含まれていない。
- サンフランシスコ条約を交渉している当時の米国国務長官は、「竹島は日本の領土であって、韓国が領有していた歴史的記録はない」と証言している。

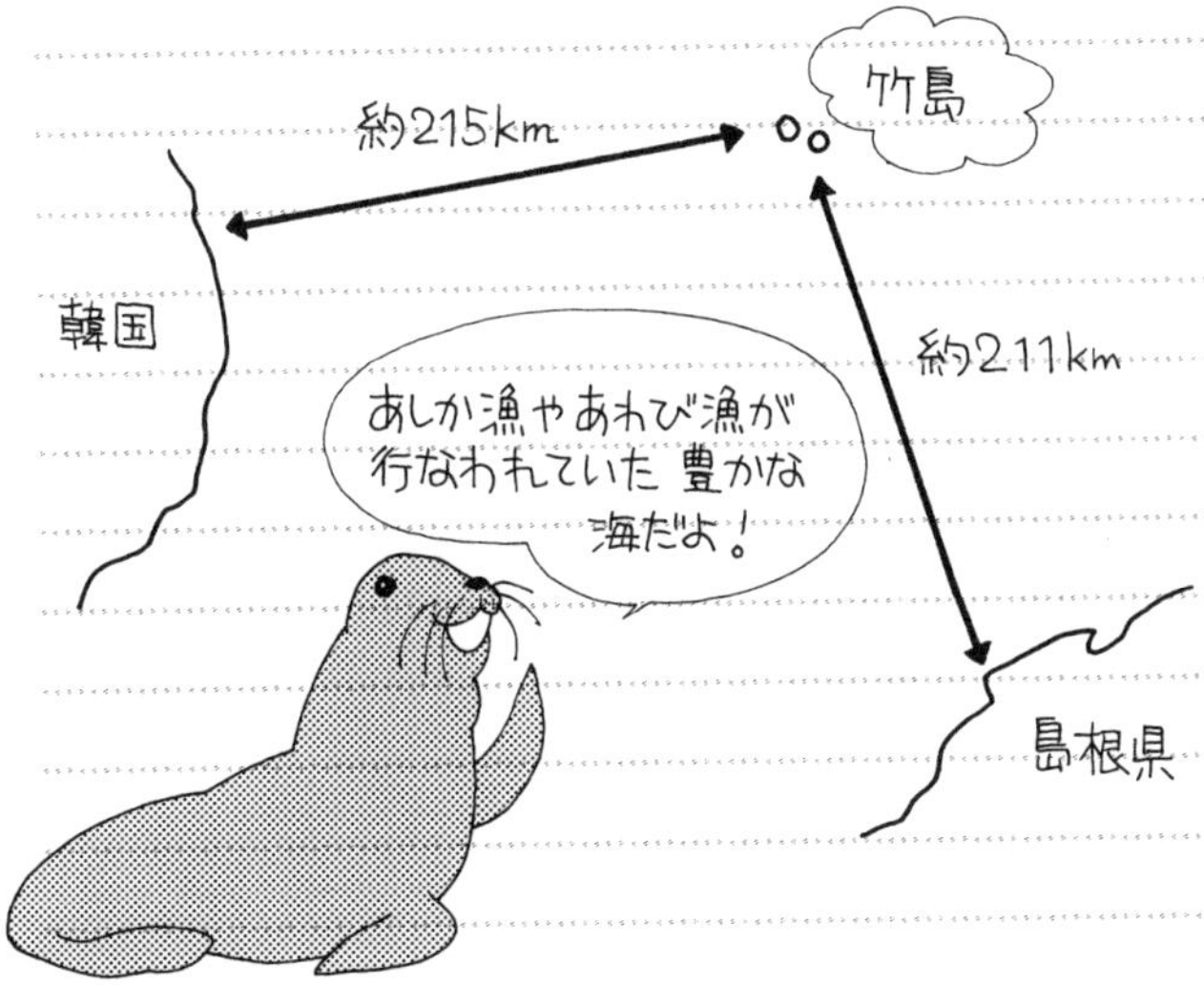
竹島
約215km
韓国
約211km
あしか漁やあわび漁が行なわれていた豊かな海だよ！
島根県

○まとめ○

《現状》

- 竹島は歴史的にも国際法上も明確に日本の領土。
- ただし1952(昭和27)年以来、韓国による不法占拠→実効支配が続いている。
- 韓国では、学校で「独島(竹島)は韓国領である」と教えると同時に、「日本は悪である」という教育(反日教育)を続けている。また、世界各国に対しても同様のアピールをしている。
- 韓国は国際司法裁判所への出廷を拒否し続けている。
- 韓国の歴代大統領は、自分の立場が弱くなったり国民からの支持が少なくなると、「反日アピール」をして立場を取り戻そうとする。
- 韓国人は、海外で悪いことをすると「自分は日本人だ」と言って逃げる人が多いらしい。

《どうすればいい?》

- 日本の立場、現状を国内外に正しくアピールしていく。
- 学校でも正しい知識を勉強する。
- 国際司法裁判所へのアピールは続けていく。
- 日韓二国の間だけでなく、複数の国と連携して話をしていく。

✧大事✧な言葉!!

☆ 李承晩ライン ＝1952（昭和27）年1月、当時の李承晩韓国大統領が独自の「海洋主権宣言」に基づき、国際法に反して一方的に日本海、東シナ海上に設定した軍事境界線。韓国政府はそのライン内に竹島を取りこむと、竹島に近づいた漁船に対して拿捕、銃撃などを加えた。これに対し日米両国は強く抗議したが、1965（昭和40）年の日韓基本条約に伴う日韓漁業協定が結ばれたことでラインは廃止された。その13年間で韓国による日本人抑留者は3929人、拿捕された船舶数は328隻、死傷者は44人を数えた。

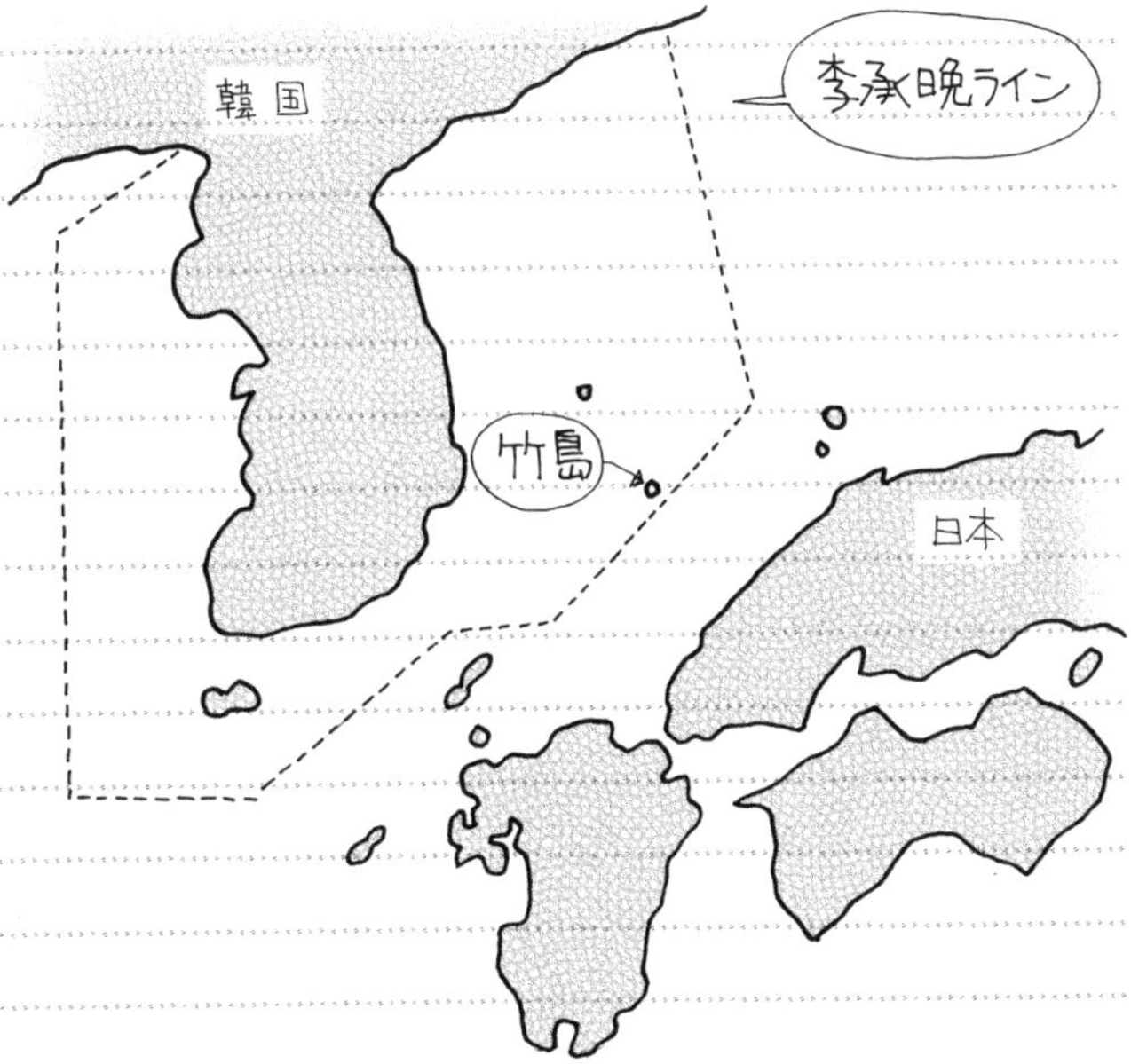

【コラム】 ソビエト連邦の崩壊

1917（大正6）年に世界最初の社会主義国家として建国されたソビエト連邦。

第二次世界大戦以降は〝二大超大国〟の一翼として資本主義国家のリーダーとなったアメリカに対抗し、「冷戦」（資本主義国家と社会主義国家の対立）の主人公となった。

世界一の領土面積を誇り、周辺国を同じ社会主義体制の衛星国として従え（東側諸国）、圧倒的な軍事力と共に経済を発展させてきたが、一党独裁故に体制の腐敗が進むと経済が停滞、国民の不満が高まるようになった。

1985（昭和60）年に書記長の座に着いたゴルバチョフは、社会主義の枠内での民主化を目指し、政治体制の刷新に着手した（ペレストロイカ）。

この改革によって共産党が弱体化、それに伴い連邦の統制力が弱まって、連邦各地で独立運動やクーデターが起こった。また東側諸国が次々と民主化を達成した。

1991（平成3）年、共産党内部のクーデターが失敗に終わり、共産党の求心力が大幅に低下。共産党が解党すると連邦を形成していた国家が次々と独立、残った国家は「独立国家共同体」を形成し、ロシア連邦はその一国家となった。

こうして資本主義国家になったロシアだが、北方領土に対するスタンスはソ連時代と変わらない。

☆四章《しょう》☆

どうしてロシアは領土《りょうど》を返《かえ》さないの？

尖閣、竹島の次は北方領土の話だよ
北方領土ってあんまりニュースでやらないからよくわからないんだけど
北方領土には他の二件とは大きな違いがあるんだ
なに？
それは国際法に基づいた一定の解釈があることと
第三国の思惑があることだよ
北方領土については数回の条約を経て何度か国境が変わっている
現在も条約を締結さえできれば国境を決められる状況だ
択捉島《えとろふ》
国後島《くなしり》
色丹島《しこたん》
歯舞諸島《はぼまい》
ソ連（現在のロシア）は平和条約を締結すれば歯舞・色丹の二島を返還すると宣言している

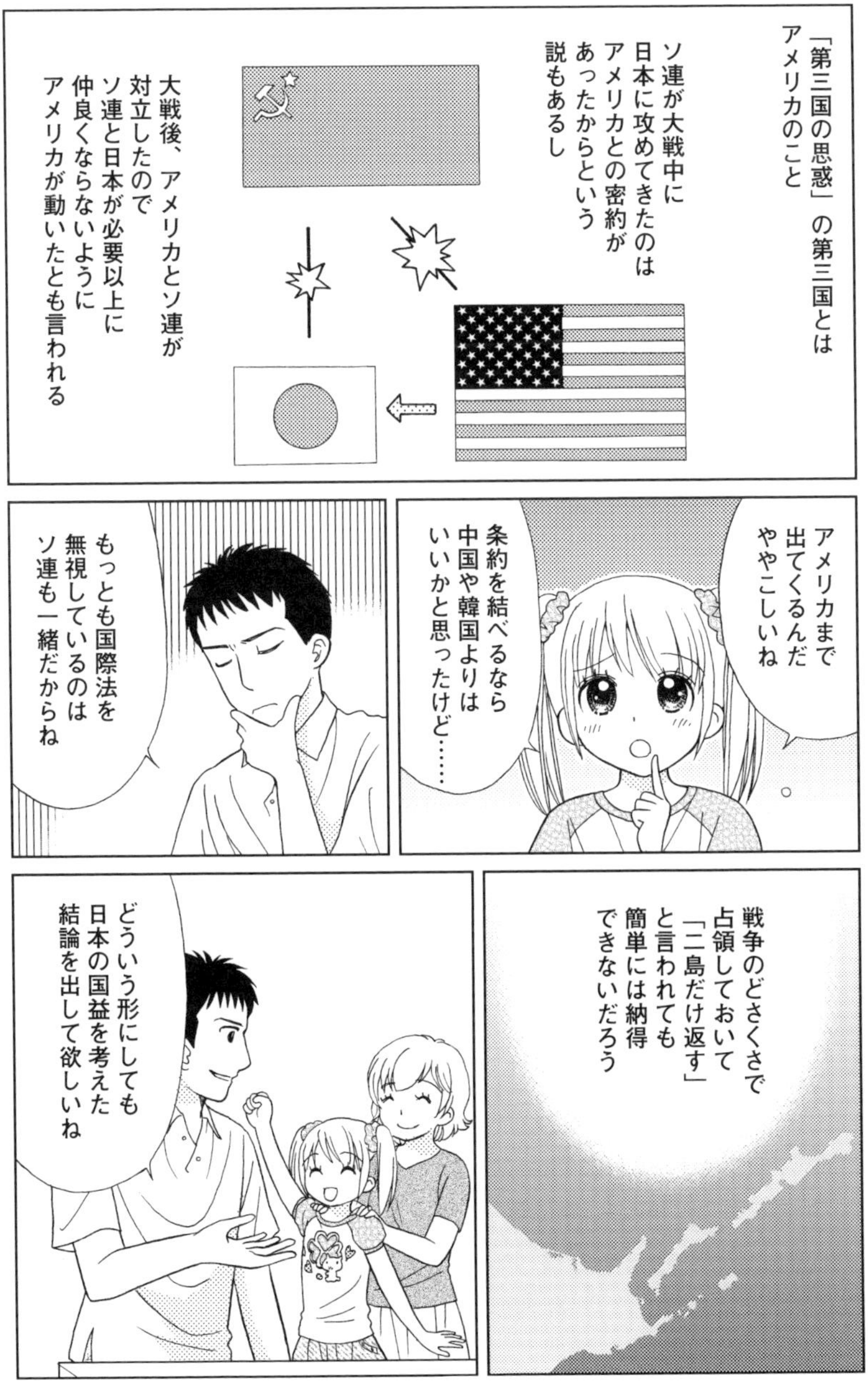
「第三国の思惑」の第三国とはアメリカのこと
ソ連が大戦中に日本に攻めてきたのはアメリカとの密約があったからという説もあるし
大戦後、アメリカとソ連が対立したのでソ連と日本が必要以上に仲良くならないようにアメリカが動いたとも言われる
アメリカまで出てくるんだややこしいいね
条約を結べるなら中国や韓国よりはいいかと思ったけど……
もっとも国際法を無視しているのはソ連も一緒だからね
戦争のどさくさで占領しておいて「二島だけ返す」と言われても簡単には納得できないだろう
どういう形にしても日本の国益を考えた結論を出して欲しいいね

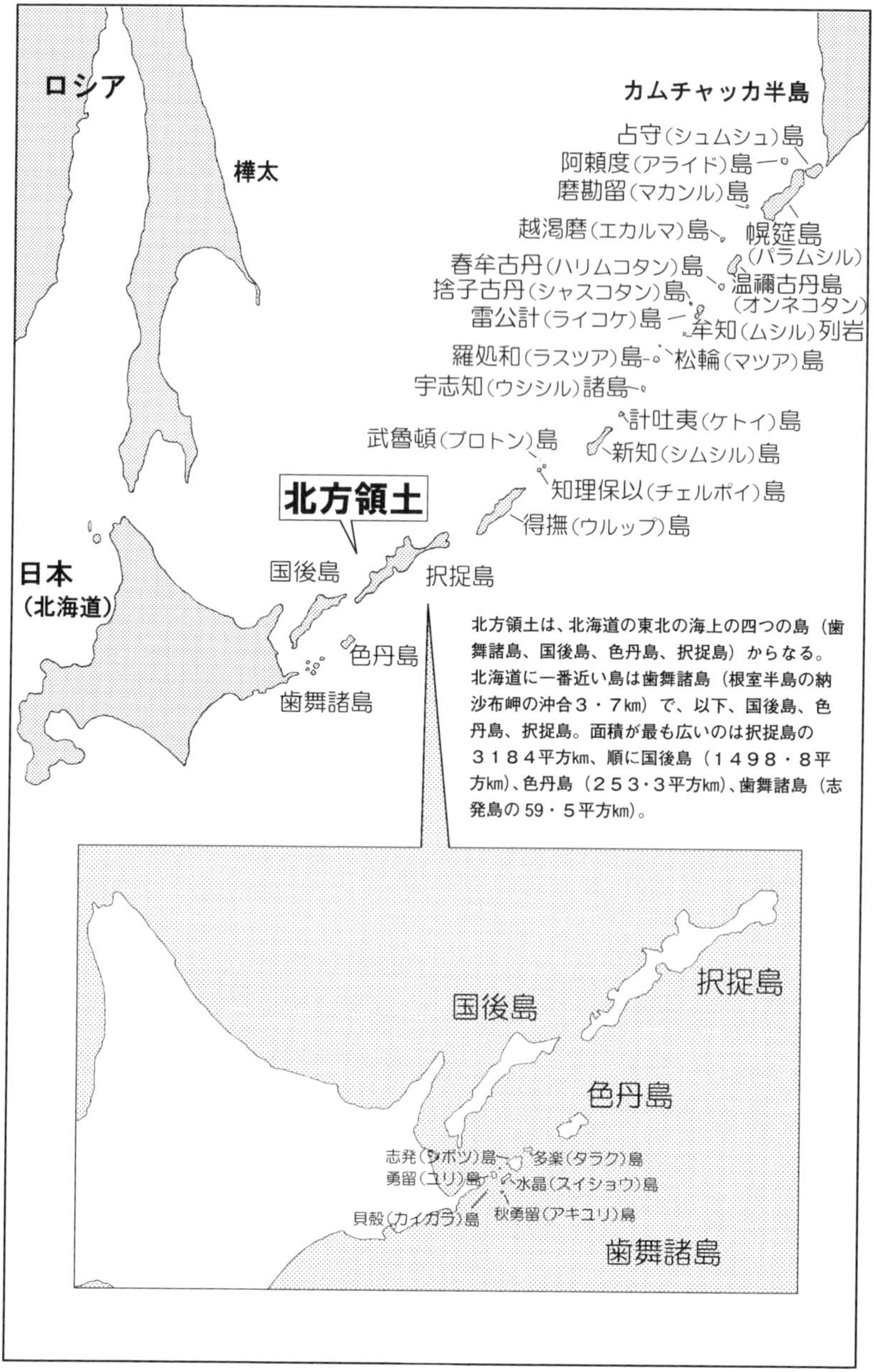
ロシア
樺太
カムチャッカ半島
占守(シュムシュ)島
阿頼度(アライド)島
磨勘留(マカンル)島
幌筵島
(パラムシル)
越渇磨(エカルマ)島
春牟古丹(ハリムコタン)島
捨子古丹(シャスコタン)島
温禰古丹島
(オンネコタン)
雷公計(ライコケ)島
牟知(ムシル)列岩
羅処和(ラスツア)島
松輪(マツア)島
宇志知(ウシシル)諸島
計吐夷(ケトイ)島
武魯頓(ブロトン)島
新知(シムシル)島
知理保以(チェルポイ)島
北方領土
得撫(ウルップ)島
日本
(北海道)
国後島
択捉島
色丹島
歯舞諸島
国後島
択捉島
色丹島
志発(シボツ)島
多楽(タラク)島
勇留(ユリ)島
水晶(スイショウ)島
貝殻(カイガラ)島
秋勇留(アキユリ)島
歯舞諸島

北方領土は、北海道の東北の海上の四つの島（歯舞諸島、国後島、色丹島、択捉島）からなる。北海道に一番近い島は歯舞諸島（根室半島の納沙布岬の沖合３・７㎞）で、以下、国後島、色丹島、択捉島。面積が最も広いのは択捉島の３１８４平方㎞、順に国後島（１４９８・８平方㎞)、色丹島（２５３・３平方㎞)、歯舞諸島（志発島の 59・５平方㎞)。

戦争《せんそう》で奪《うば》われた北方領土《ほっぽうりょうど》

「領土《りょうど》についての話《はなし》の最後《さいご》に、ロシアが不法占拠《ふほうせんきょ》している北方四島《ほっぽうよんとう》について話《はな》すことにしよう。ただ、最初《さいしょ》に言《い》っておくけれど、尖閣諸島《せんかくしょとう》や竹島《たけしま》と違《ちが》って、戦争《せんそう》が直接関係《ちょくせつかんけい》しているのでとても複雑《ふくざつ》なんだ。だから、しっかり勉強《べんきょう》してほしいと思《おも》う」

「えっ、戦争《せんそう》が直接関係《ちょくせつかんけい》すると複雑《ふくざつ》ってどういうこと？」

「それをこれから説明《せつめい》するよ。まず、日本《にっぽん》は第二次世界大戦《だいにじせかいたいせん》で負《ま》けた側《がわ》の国《くに》だというのは知《し》ってるよね」

「学校《がっこう》で勉強《べんきょう》したよ。日本《にっぽん》とドイツとイタリアが負《ま》けた国《くに》で、アメリカやイギリス、フランス、ソ連《れん》とかが勝《か》った国《くに》だよね」

「よく知《し》ってるね。日本《にっぽん》とイタリア、ドイツが中心《ちゅうしん》の枢軸国《すうじくこく》と呼《よ》ばれる側《がわ》と、イギリス、フランス、アメリカ、ソビエト連邦《れんぽう》（今《いま》のロシア）、中華民国《ちゅうかみんこく》（今《いま》の台湾《たいわん》）などが中心《ちゅうしん》の連合国側《れんごうこくがわ》が戦《たたか》って、連合国側《れんごうこくがわ》が勝《か》った戦争《せんそう》だった。他《ほか》にもたくさんの世界中《せかいじゅう》の国《くに》が巻《ま》き込《こ》まれた大《おお》きな戦争《せんそう》だった。

ただ、お父《とう》さんの考《かんが》えだけど、どちらの側《がわ》が正義《せいぎ》だとか悪《あく》だとか一口《ひとくち》では言《い》えない戦争《せんそう》だったと思《おも》うんだ。例《たと》えばソ連《れん》は連合国側《れんごうこくがわ》に入《はい》っているけれど、戦争《せんそう》の始《はじ》めの頃《ころ》は他《ほか》のヨーロッパの国《くに》に攻《せ》め入《い》って領土《りょうど》を奪《うば》ったりしてるんだからね」

お母《かあ》さんも付《つ》け加《くわ》えました。

「結局《けっきょく》、戦争《せんそう》って、大《おお》きく言《い》えば人間《にんげん》の欲《よく》が関係《かんけい》しているのよ。石油《せきゆ》とか地下資源《ちかしげん》とかが欲《ほ》しかったり、単純《たんじゅん》に自分《じぶん》たちの国《くに》の領土《りょうど》を広《ひろ》げたいと思《おも》ったりね。生《い》きていくための考《かんが》え方《かた》の違《ちが》いで争《あらそ》ったりもするけどね。わかりやすく言《い》えば、由香《ゆか》だって、友《とも》だちとケンカになったりするでしょ？　どんなときにケンカになるか考《かんが》えてみれば何《なん》となくわかると思《おも》うけどね……。大《おと》人《な》も、もっと大《おお》きく言《い》えば国《くに》どおしも同《おな》じなのよ」

お父《とう》さんがうなずきながら言《い》いました。

「そう思《おも》うね。結局《けっきょく》、第二次世界大戦《だいにじせかいたいせん》のあと、勝《か》った国《くに》どおしで欲《よく》が出《で》てきたんだよ。敗戦国《はいせんこく》の領土《りょうど》を分《わ》けて、それぞれの都合《つごう》で管理《かんり》しようとしたんだ。そこに北方領土《ほっぽうりょうど》の問題《もんだい》もあると

《第二次世界大戦《だいにじせかいたいせん》　ソ連《れん》の動《うご》き》
1939年８月　独ソ不可侵条約締結
1939年９月　ソ連がポーランドに侵攻。
ドイツと領土を分割
1939年11月　フィンランド侵攻
→国際連盟追放
1940年３月　フィンランド領を割譲
1940年６月　バルト三国侵攻→併合
1941年４月　日ソ中立条約締結
1941年６月　独ソ戦開戦
こうしてみるとポーランド的にはドイツもソ連も同じだよね
……

言《い》っていい。だから、尖閣諸島《せんかくしょとう》や竹島《たけしま》のように単《たん》純《じゅん》じゃないので、理解《りかい》するのが難《むずか》しいんだ。表《おもて》に出《で》てこないこともあるからね」

「だけど、尖閣諸島《せんかくしょとう》や竹島《たけしま》と比《くら》べて、北方領土《ほっぽうりょうど》って、あまり話題《わだい》にならないよね。どうしてなの」

由香《ゆか》ちゃんが首《くび》をかしげながらお父《とう》さんに聞《き》きました。

「たしかに、由香《ゆか》の言《い》うとおり、テレビも新聞《しんぶん》も、尖閣諸島《せんかくしょとう》や竹島《たけしま》に比《くら》べると、あまり取《と》り上《あ》げないね。だから日本人全体《にっぽんじんぜんたい》の関心《かんしん》も薄《うす》いように見《み》える。漁師《りょうし》の人《ひと》たちは、漁場《ぎょじょう》の関係《かんけい》があるから、北方四島《ほっぽうよんとう》を日本《にっぽん》に返《かえ》してほしいと思《おも》っているけどね。

どうして取《と》り上《あ》げ方《かた》が少《すく》ないかと言《い》えば、やっぱり最初《さいしょ》に言《い》ったように、北方領土《ほっぽうりょうど》は複雑《ふくざつ》だから、簡単《かんたん》には取《と》り上《あ》げられないというのが本当《ほんとう》じゃないかな」

「お母《かあ》さんは、すごく単純《たんじゅん》な理由《りゆう》もあると思《おも》うな。それはね、人間《にんげん》って、寒《さむ》いところより暖《あたた》かいところのほうが好《す》きだから、どうしても北《きた》より南《みなみ》のほうに関心《かんしん》が集《あつ》まりがちなのよ。お母《かあ》さんの大学時代《だいがくじだい》の友《とも》だちに、北海道出身《ほっかいどうしゅっしん》の人《ひと》がいるけれど、『遊《あそ》びに行《い》くのはいいけれど、あんな寒《さむ》いところは住《す》みたくない』っていつも言《い》ってた。確《たし》かに、北海道《ほっかいどう》は美味《おい》しいものが多《おお》いし、自然《しぜん》も魅力的《みりょくてき》だけど、住《す》みたいと思《おも》う人《ひと》は少《すく》ないんじゃないかな。だから、本当《ほんとう》は北方領土《ほっぽうりょうど》もすごく価値《かち》があるはずだけど、そのことに気《き》づきにくいというか……」

「お母《かあ》さんもなかなか鋭《するど》いことを言《い》うね。誰《だれ》でも暖《あたた》かいところのほうが暮《く》らしやすいし、特《とく》に冬《ふゆ》は寒《さむ》い地域《ちいき》には住《す》みたくないよね。北方領土《ほっぽうりょうど》、四島《よんとう》はもっとも北《きた》の極寒《きょくかん》の地《ち》だから、そんな寒《さむ》い島《しま》はいらない……なんて考《かんが》える人《ひと》もいるかもしれない。だけど、それは基本的《きほんてき》なことじゃないよ。

まず、お父《とう》さんの考《かんが》えを話《はな》す前《まえ》に、北方四島《ほっぽうよんとう》の名前《なまえ》と、どこにあるかを見《み》ておこうか。北方《ほっぽう》四島《よんとう》は北海道《ほっかいどう》から近《ちか》い順《じゅん》に歯舞諸島《はぼまいしょとう》、国後島《くなしりとう》、色丹島《しこたんとう》とあって、一番遠《いちばんとお》いのが択捉島《えとろふとう》。この四《よっ》つの島《しま》、諸島《しょとう》を合《あ》わせて北方四島《ほっぽうよんとう》って呼《よ》んでるんだ。

総務庁《そうむちょう》が発表《はっぴょう》している資料《しりょう》によれば、択捉島《えとろふとう》に８３００人《にん》、国後島《くなしりとう》に３９００人《にん》、色丹島《しこたんとう》に

２３００人《にん》で、合計《ごうけい》１万《まん》４５００人《にん》のロシアの住民《じゅうみん》が住《す》んでいることになっている。軍人《ぐんじん》を含《ふく》まない人数《にんずう》だから、実際《じっさい》にはもう少《すこ》し多《おお》いと思《おも》うけどね。歯舞諸島《はぼまいしょとう》には「国境警備隊員《こっきょうけいびたいいん》」以外《いがい》に住《す》んでいる人《ひと》はいないとなっているよ」（※総務庁北方対策本部《そうむちょうほっぽうたいさくほんぶ》『北方四島《ほっぽうよんとう》の概況《がいきょう》』平成《へいせい》14年発行《ねんはっこう》）

「わたし、学校《がっこう》で四《よっ》つの島《しま》の名前《なまえ》は教《おし》えてもらったよ。変《か》わった名前《なまえ》だし、忘《わす》れていたけどね。それに、今思《いまおも》い出《だ》したけど、この前《まえ》、北方領土《ほっぽうりょうど》の二島返還《にとうへんかん》っていう言葉《ことば》は聞《き》いたことはあるけど……。北方領土《ほっぽうりょうど》って、四島《よんとう》あるのに二島返還《にとうへんかん》とかって、尖閣諸島《せんかくしょとう》や竹島《たけしま》みたいにはっきりしていないよね。わかりにくい」

「そうだね。日本人《にっぽんじん》のなかには、例《たと》えば、尖閣諸島《せんかくしょとう》のように、毎日《まいにち》、日本《にっぽん》と中国《ちゅうごく》の船《ふね》が監視《かんし》し合《あ》っているようなこともないし、北方四島《ほっぽうよんとう》は話題《わだい》が少《すく》ないから、テレビも新聞《しんぶん》も、あまりニュースにしないと言《い》う人《ひと》もいる。だけど、お父《とう》さんは、それも違《ちが》うと思《おも》うんだよ。実際《じっさい》には、北方《ほっぽう》四島《よんとう》では、昔《むかし》、漁師《りょうし》の人《ひと》が銃撃《じゅうげき》を受《う》けて犠牲《ぎせい》になったり、捕《つか》まって何年《なんねん》も日本《にっぽん》に帰《かえ》ってこられないこともあった。

それに、２０１２（平成《へいせい》24）年《ねん》の7月《がつ》3日《か》に、ロシアのメドベージェフ首相《しゅしょう》が国後島《くなしりとう》を訪問《ほうもん》して、『北方領土《ほっぽうりょうど》は、古来《こらい》のロシアの土地《とち》だ。一寸《いっすん》たりとも渡《わた》さない』という話《はなし》もしているんだ。

『これからも訪問《ほうもん》するし、他《ほか》の閣僚《かくりょう》も訪問《ほうもん》する』とも話《はな》した。もちろん、このときは日本《にっぽん》のテレビも新聞《しんぶん》もニュースにしたけれど、扱《あつか》いは小《ちい》さかったし、その後《ご》は何《なに》も報道《ほうどう》しなくなった。そのちょうど1カ月後《げつご》に、韓国《かんこく》の李明博大統領《イミョンバクだいとうりょう》（当時《とうじ》）が、現職《げんしょく》の大統領《だいとうりょう》としては初《はじ》めて竹島《たけしま》を訪問《ほうもん》したときは、テレビも新聞《しんぶん》も大《おお》きく取《と》り上《あ》げたし、今《いま》でもその影響《えいきょう》が残《のこ》っているよね。北方四島《ほっぽうよんとう》とは違《ちが》いがすごく大《おお》きい」

「どうしてそんなに違《ちが》うんだろう。同《おな》じ領土問題《りょうどもんだい》でしょ」

「やっぱりお父《とう》さんが思《おも》うのは、日本人《にっぽんじん》のなかにも、北方四島《ほっぽうよんとう》は、尖閣諸島《せんかくしょとう》や竹島《たけしま》のように、『絶対《ぜったい》に四《よっ》つの島《しま》が日本《にっぽん》の領土《りょうど》だと主張《しゅちょう》するのは無理《むり》だ』とか、『二島《にとう》とか、半分返《はんぶんかえ》ってくればいいんじゃない』と考《かんが》えている人《ひと》も意外《いがい》と多《おお》いからじゃないかということなんだよ。政治家《せいじか》にも、テレビ局《きょく》や新聞社《しんぶんしゃ》、雑誌社《ざっししゃ》の人《ひと》のなかにも、そう考《かんが》える人《ひと》が想像以上《そうぞういじょう》に多《おお》いような気《き》がするね。

表面《ひょうめん》では『四島返還《よんとうへんかん》は譲《ゆず》れない』と言《い》ってるけれど、心《こころ》のなかでは、『二島返還《にとうへんかん》でいいんじゃないかな』と思《おも》っている人《ひと》が少《すく》なくないような気《き》もする。だからこそ二島返還《にとうへんかん》というような考《かんが》え方《かた》も出《で》てきているように思《おも》うんだ。ロシアも、二島《にとう》なら返還《へんかん》してくれそうな雰囲気《ふんいき》があるしね。ただ、実際《じっさい》にはまったくわからない。国《くに》と国《くに》の関係《かんけい》はそんなに単純《たんじゅん》じゃなくて、表《おもて》に出《で》て

こないところでいろんな駆《か》け引《ひ》きもあるからね」

「それじゃ、ますますわかりにくい。お父《とう》さんとお母《かあ》さんはどう思《おも》うの」

先《さき》にお母《かあ》さんが答《こた》えました。

「お母《かあ》さんは、二島返還《にとうへんかん》でいいと思《おも》うな。お父《とう》さんの考《かんが》えははっきり聞《き》いたことはないし、歴史《れきし》も詳《くわ》しく調《しら》べたことがないから、いいかげんと言《い》われるかもしれないけどね。

単純《たんじゅん》に二《ふた》つの島《しま》が日本《にっぽん》に返《かえ》ってきて、ロシアと仲良《なかよ》くしたほうがいいと思《おも》う。今《いま》、お父《とう》さんが言《い》ったように、二島《にとう》でもいい、仕方《しかた》がないと思《おも》っている日本人《にっぽんじん》もいるなら、そこで上手《じょうず》にロシアと話《はな》し合《あ》って二島《にとう》を返《かえ》してもらって、日本《にっぽん》とロシア、お互《たが》いに都合《つごう》のいい方《ほう》へ進《すす》めたほうがいいじゃない？

例《たと》えば、今《いま》、ロシアは豊富《ほうふ》な天然《てんねん》ガスを他《ほか》の国《くに》に売《う》りたいらしいし、逆《ぎゃく》に日本《にっぽん》は福島《ふくしま》の原子《げんし》力発電所《りょくはつでんしょ》の事故《じこ》で電力不足《でんりょくぶそく》になった分《ぶん》を天然《てんねん》ガスで補《おぎな》うことができるでしょう。それに、中国《ちゅうごく》とも韓国《かんこく》とも、仲良《なかよ》くなるのは当分先《とうぶんさき》のような気《き》がする。日本《にっぽん》の近所《きんじょ》の国《くに》が全部《ぜんぶ》日本《にっぽん》とうまくいかないのは、何《なん》となく心配《しんぱい》だし、せめてロシアとくらい仲良《なかよ》くしておきたい。お父《とう》さんはどう思《おも》ってるの？」

「お父《とう》さんは基本的《きほんてき》に四《よっ》つの島《しま》は日本《にっぽん》の領土《りょうど》だと思《おも》っているんだ。ただ、いろいろ歴史《れきし》を調《しら》べてみると、二島返還《にとうへんかん》で仕方《しかた》がない面《めん》もあるとは思《おも》う。というのは、日本《にっぽん》は世界《せかい》から誤解《ごかい》されるような発言《はつげん》もしているんだよ。これは解釈《かいしゃく》の問題《もんだい》もあるんだけれど、例《たと》えば、１９５１（昭和《しょうわ》26）年《ねん》の『サンフランシスコ条約《じょうやく》』（第二次世界大戦《だいにじせかいたいせん》に負《ま》けた日本《にっぽん》が、戦争《せんそう》に勝《か》った国《くに》と交《か》わした約束《やくそく》）で、日本《にっぽん》は千島列島《ちしまれっとう》を放棄《ほうき》したんだ」

「なに、それ。千島列島《ちしまれっとう》って、北方四島《ほっぽうよんとう》のことなの？　じゃ、だめじゃない」

「ちょっと待《ま》ってね。これは詳《くわ》しい説明《せつめい》が必要《ひつよう》だから。国後島《くなしりとう》と択捉島《えとろふとう》は千島列島《ちしまれっとう》の南《みなみ》のほうに位置《いち》しているので『千島列島南部《ちしまれっとうなんぶ》』とか『南千島《みなみちしま》』と呼《よ》ばれていたんだけれど、サンフランシスコ条約《じょうやく》を結《むす》ぶときの国会《こっかい》で、政治家《せいじか》が外務省《がいむしょう》の担当者《たんとうしゃ》に質問《しつもん》をしたとき、その担当者《たんとうしゃ》が

『国後《くなしり》、択捉《えとろふ》は千島列島《ちしまれっとう》に含《ふく》まれる』と答《こた》えたんだ」

由香《ゆか》ちゃんが残念《ざんねん》そうな顔《かお》で言《い》いました。

「それじゃ、北方四島《ほっぽうよんとう》を返《かえ》してほしいと言《い》うのは無理《むり》じゃないの？　二島《にとう》でも無理《むり》そうな気《き》がするな」

「ただ、この答弁《とうべん》の時期《じき》はまだアメリカの占領下《せんりょうか》で、実際《じっさい》には政府《せいふ》に答弁《とうべん》の自由《じゆう》がなかったこと、条約《じょうやく》を結《むす》ぶことを最優先《さいゆうせん》に考《かんが》えていたということは考慮《こうりょ》しなければならないね。実際《じっさい》、サンフランシスコ条約《じょうやく》を結《むす》んだときに、当時《とうじ》の吉田茂首相《よしだしげるしゅしょう》は、『色丹島《しこたんとう》および歯舞諸島《はぼまいしょとう》はもちろん、択捉《えとろふ》、国後両島《くなしりりょうとう》も戦前《せんぜん》から日本《にっぽん》の領土《りょうど》である』と会議参加者《かいぎさんかしゃ》に注意《ちゅうい》を促《うなが》しているんだ。そういった経緯《けいい》もあって、サンフランシスコ条約《じょうやく》を結《むす》んだ5年後《ねんご》に日本政府《にっぽんせいふ》は先《さき》の答弁《とうべん》を正式《せいしき》に取《と》り消《け》し、『放棄《ほうき》した千島列島《ちしまれっとう》に、国後《くなしり》、択捉《えとろふ》は含《ふく》まれない』と言《い》い出《だ》したんだ。そこから、二島《にとう》じゃなく四島《よんとう》ということになったわけ」

「ますますわからないな」

「実《じっ》はね、日本《にっぽん》が四島《よんとう》を返《かえ》せと言《い》い始《はじ》めたのは、アメリカに言《い》わせられたという見方《みかた》があるんだ。順《じゅん》に説明《せつめい》するからよく聞《き》いてね。

まず、第二次世界大戦《だいにじせかいたいせん》の終《お》わりのころ、つまり日本《にっぽん》が負《ま》ける直前《ちょくぜん》のときの話《はなし》なんだけど、アメリカは、戦争《せんそう》を早《はや》く終《お》わらせたかったので、ソ連《れん》に『日本《にっぽん》に宣戦布告《せんせんふこく》』するように依頼《いらい》したんだ。そうしてくれれば、当時《とうじ》、日本《にっぽん》の領土《りょうど》だった南樺太《みなみからふと》と千島列島《ちしまれっとう》をソ連《れん》の領土《りょうど》として引《ひ》き渡《わた》すという約束《やくそく》をしたんだよ。１９４５（昭和《しょうわ》20）年《ねん》に当時《とうじ》のソ連《れん》、今《いま》のウクライナにあるヤルタという所《ところ》で行《おこな》われた会談《かいだん》でね」


「お母《かあ》さんは、ヤルタ会談《かいだん》のことは知《し》ってるわよ。要《よう》するに、お父《とう》さんも最初《さいしょ》に言《い》ったけど、第二次世界大戦《だいにじせかいたいせん》が終《お》わったあと、勝《か》った国《くに》どおしが負《ま》けた国《くに》の領土《りょうど》を取《と》り合《あ》う相談《そうだん》ということよ。特《とく》に社会主義《しゃかいしゅぎ》のソ連《れん》と資本主義《しほんしゅぎ》のアメリカは考《かんが》え方《かた》がまったく違《ちが》うので、意見《いけん》が対立《たいりつ》したの。どちらも考《かんが》え方《かた》の同《おな》じ国《くに》が多《おお》いほうが都合《つごう》がいいでしょう？

そこで、例《たと》えば、ドイツは今《いま》でこそ一《ひと》つの国《くに》だけど、この会談《かいだん》のとき、ドイツは東《ひがし》と西《にし》の二《ふた》つに分《わ》けられて、わかりやすく言《い》えば東《ひがし》はソ連側《れんがわ》（社会主義《しゃかいしゅぎ》）、西《にし》はアメリカ側《がわ》（資本主義《しほんしゅぎ》）ということになったわけ。首都《しゅと》だったベルリンも西側《にしがわ》と東側《ひがしがわ》に分《わ》けられていたのだけれど、それを分《わ》けていたのが有名《ゆうめい》なベルリンの壁《かべ》ね。壁《かべ》は１９８９（平成元《へいせいがん》）年《ねん》の秋《あき》に壊《こわ》されて、東《ひがし》と西《にし》のドイツが一《ひと》つになって今《いま》のドイツになった。

それに朝鮮半島《ちょうせんはんとう》も北《きた》と南《みなみ》に分断《ぶんだん》されて、これは今《いま》も北朝鮮《きたちょうせん》（社会主義《しゃかいしゅぎ》）と韓国《かんこく》（資本主義《しほんしゅぎ》）

ヤルタ会談
なんかこれって風邪で休んでいる間に学級委員にされちゃったとかそういう気分……

に分かれたままでしょう。1950（昭和《しょうわ》25）年《ねん》には、北朝鮮《きたちょうせん》が国境《こっきょう》を越《こ》えて韓国《かんこく》に攻《せ》め入《い》って戦争《せんそう》（朝鮮戦争《ちょうせんせんそう》）になって、今《いま》もこの戦争《せんそう》は正式《せいしき》には終《お》わっていないんだから……。でも、朝鮮戦争《ちょうせんせんそう》でも思《おも》うけど、やっぱり人間《にんげん》って、少《すこ》しでも暖《あたた》かい地域《ちいき》を領土《りょうど》にしたがるのよ」

「それじゃ、日本《にっぽん》は、第二次世界大戦《だいにじせかいたいせん》で北方領土《ほっぽうりょうど》を奪《うば》われたままということなの？」

お父《とう》さんが、お母《かあ》さんのあとを受《う》けて話《はな》し始《はじ》めました。

「そうとも言《い》えるだろうね。戦争《せんそう》が終《お》わって、さっき話《はな》したように、日本《にっぽん》はサンフランシスコ条約《じょうやく》を調印《ちょういん》して独立《どくりつ》した。ところが、その頃《ころ》、ソ連《れん》とアメリカの関係《かんけい》がとても悪《わる》くなっていたこともあって、条約《じょうやく》にソ連《れん》は署名《しょめい》しなかったんだよ。戦争直《せんそうちょく》後《ご》には、ソ連《れん》はアメリカに対《たい》して、千島列島《ちしまれっとう》どころか、北海道《ほっかいどう》を南北《なんぼく》に分割《ぶんかつ》して、北《きた》をソ連《れん》の領土《りょうど》にしたいとまで要求《ようきゅう》していたんだ」

「えっ、日本《にっぽん》も二《ふた》つに分《わ》けられる可能性《かのうせい》があったんだ。そんなことになっていたら、北海道《ほっかいどう》の真《ま》ん中《なか》あたりに国境《こっきょう》ができて、自由《じゆう》に行《い》くことも来《く》ることもできないような国《くに》になっていたかもしれないんだ。ちょうど今《いま》の韓国《かんこく》と北朝鮮《きたちょうせん》みたいに」

「でも、その時《とき》、アメリカの大統領《だいとうりょう》はルーズベルトからトルーマンになっていたんだけれど、大統領《だいとうりょう》は日本《にっぽん》がドイツのようになることに反対《はんたい》して、その代《か》わりというようなことで、千島列島《ちしまれっとう》はすべてソ連《れん》に渡《わた》すことに同意《どうい》したと言《い》われているんだ」

「それじゃ、やっぱり二島《にとう》の返還《へんかん》も無理《むり》じゃないの？」

「ただ、ヤルタ会談《かいだん》にしても、トルーマンの同意《どうい》にしても、その場《ば》に日本《にっぽん》が出席《しゅっせき》していたわけじゃないので、国際法上《こくさいほうじょう》は違反《いはん》なんだよ。だから、日本《にっぽん》は、その約束《やくそく》は無効《むこう》だと考《かんが》えているし、世界《せかい》にも日本《にっぽん》の考《かんが》えを支持《しじ》してくれる国《くに》もあるんだ」

「だけど、肝心《かんじん》の日本《にっぽん》が四島返還《よんとうへんかん》にこだわったり、二島返還《にとうへんかん》でもいいやという態度《たいど》を見《み》せたりしているのはどうなの？　そこがわからないな」

「由香《ゆか》、そこも複雑《ふくざつ》なんだ。サンフランシスコ条約《じょうやく》にソ連《れん》は署名《しょめい》しなかったということを話《はな》したけれど、逆《ぎゃく》に言《い》えば、法律的《ほうりつてき》には、その段階《だんかい》では、日本《にっぽん》はソ連《れん》とは戦争《せんそう》が終《お》わっていない状《じょう》態《たい》だったとも言《い》える。そこで、日本《にっぽん》はソ連《れん》と直接《ちょくせつ》、終戦《しゅうせん》の条約《じょうやく》を結《むす》ばなければならなかった。

具体的《ぐたいてき》に言《い》うと、１９５５（昭和《しょうわ》30）年《ねん》に、日本《にっぽん》とソ連《れん》の国交正常化交渉《こっこうせいじょうかこうしょう》が始《はじ》まって、１９５６（昭和《しょうわ》31）年《ねん》には、交渉《こうしょう》を続《つづ》けて条約《じょうやく》を結《むす》んだあとに、ソ連《れん》は歯舞《はぼまい》と色丹《しこたん》の二島《にとう》を返《かえ》すと約束《やくそく》を交《か》わしたんだよ（日ソ共同宣言《きょうどうせんげん》）。

そこで日本《にっぽん》とソ連《れん》の国交《こっこう》は回復《かいふく》したんだけれど、二島《にとう》か四島《よんとう》かという争《あらそ》いがあって、結局《けっきょく》、平和条約《へいわじょうやく》は結《むす》ばないまま今《いま》まで来《き》てしまった。

日本側《にっぽんがわ》にも二島返還《にとうへんかん》してもらえるなら条約《じょうやく》を結《むす》ぼうとする動《うご》きがあったんだけど、そこにアメリカの意見《いけん》が入《はい》ってきて、二島返還《にとうへんかん》でソ連《れん》と条約《じょうやく》を結《むす》ぶなら、将来《しょうらい》、沖縄《おきなわ》も返《かえ》さないと言《い》ってきた」

「どうしてアメリカが関係《かんけい》してくるわけ？」

「建前《たてまえ》としては、サンフランシスコ条約《じょうやく》に調印《ちょういん》していないソ連《れん》が、条約《じょうやく》によって日本《にっぽん》が放棄《ほうき》した領土《りょうど》を支配《しはい》するのは認《みと》めないということなんだけど、実際《じっさい》のところ、アメリカとしては日本《にっぽん》が社会主義《しゃかいしゅぎ》のソ連《れん》と平和条約《へいわじょうやく》を結《むす》ぶことになると、仲良《なかよ》くなって日本《にっぽん》も社会主義《しゃかいしゅぎ》の国《くに》になりかねない、それは嫌《いや》だと思《おも》ったんだよ。そこで、日本《にっぽん》に、ソ連《れん》が絶対《ぜったい》に賛成《さんせい》しない四島返還《よんとうへんかん》を要求《きゅう》させて、平和条約《へいわじょうやく》を結《むす》べなくしたとも言《い》われているんだ」

「すごいことをするんだね。アメリカって」

由香《ゆか》ちゃんは少《すこ》し感心《かんしん》したような顔《かお》で言《い》いました。

「結局《けっきょく》、アメリカは、日本《にっぽん》をアメリカと同《おな》じ資本主義《しほんしゅぎ》の国《くに》にして、ソ連《れん》の社会主義《しゃかいしゅぎ》が広《ひろ》がらないようにしたと言《い》えるわけだね。それ以来《いらい》、ソ連《れん》、今《いま》のロシアと日本《にっぽん》は同《おな》じ状態《じょうたい》が続《つづ》いているというわけさ」

お母《かあ》さんが少《すこ》し笑《わら》いながら言《い》いました。

「こう考《かんが》えるとわかりやすいわよ。例《たと》えば、ウチのすぐ隣《となり》に住《す》んでいる人《ひと》が、私《わたし》たちとまったく気《き》が合《あ》わない、考《かんが》え方《かた》の違《ちが》う人《ひと》だとすると、何《なん》となく嫌《いや》でしょう？　できれば考《かんが》え方《かた》が似《に》ていて話《はなし》が合《あ》う人《ひと》に住《す》んでいてほしい。由香《ゆか》もそう思《おも》うでしょう？」

「うん、誰《だれ》だってそう思《おも》うよ、きっと。遠《とお》くなら、気《き》の合《あ》わない人《ひと》でもいいけどね、あまり関係《かんけい》ないから」

「そうでしょ。アメリカは、日本《にっぽん》がアメリカと話《はなし》の合《あ》う国《くに》、資本主義《しほんしゅぎ》の国《くに》になってほしかったのよ。日本《にっぽん》が戦争《せんそう》に負《ま》けたあと、アメリカは日本《にっぽん》に対《たい》していろいろな援助《えんじょ》をしてくれたけど、それは資本主《しほんしゅ》義《ぎ》の魅力《みりょく》を教《おし》えることでもあったと思《おも》う。アメリカ人《じん》の生活《せいかつ》は素晴《すば》らしいよということをね。物《もの》を造《つく》る技術《ぎじゅつ》を教《おし》えてくれたりもした。自動車《じどうしゃ》の造《つく》り方《かた》なんかはその代表《だいひょう》で、日本人《にっぽんじん》は研究熱心《けんきゅうねっしん》だから、しばらくしてアメリカの自動車会社《じどうしゃがいしゃ》が困《こま》るくらい日本《にっぽん》の車《くるま》が世界《せかい》で売《う》れたりしたけどね」

勝《か》ち負《ま》けの話《はなし》

「今聞《いまき》いた話《はなし》だと、やっぱり四島返還《よんとうへんかん》は無理《むり》があるんじゃないの？　それなのにお父《とう》さんが四《よん》島《とう》が日本《にっぽん》の領土《りょうど》だと思《おも》うのはなぜなの？」

「そうだね、まず第二次世界大戦《だいにじせかいたいせん》で勝《か》った国《くに》どおしだけの約束《やくそく》は、国際法違反《こくさいほういはん》だということがある。由香《ゆか》にもよく考《かんが》えてほしいんだけど、さっき話《はな》したように、ソ連《れん》、今《いま》のロシアは、戦争《せんそう》の始《はじ》まった頃《ころ》には、他《ほか》の国《くに》を侵略《しんりゃく》したりしているんだ。ところが、戦争《せんそう》が終《お》わるときには、勝《か》った方《ほう》の側《がわ》に入《はい》っていて、負《ま》けた国《くに》の領土《りょうど》を奪《うば》い合《あ》うようなことをしている。北海道《ほっかいどう》だって、一歩間違《いっぽまちが》えると、半分《はんぶん》はソ連《れん》、今《いま》ごろロシアのものだったかもしれない。つまり、戦争《せんそう》は『勝《か》ちさえすればいい』、強《つよ》い方《ほう》に正義《せいぎ》があるということになってしまっている。

お父《とう》さんは、これは違《ちが》うと思《おも》うんだよ。力《ちから》さえ強《つよ》ければ、何《なに》をやってもいいということになって、それはあり得《え》ないだろう。由香《ゆか》も、学校《がっこう》に当《あ》てはめて考《かんが》えればよくわかると思《おも》うけど、ケンカの強《つよ》い子《こ》がすべて正《ただ》しい子《こ》、正義《せいぎ》だとすれば、おそらく学校《がっこう》は成《な》り立《た》たなくなるよ。力《ちから》の弱《よわ》い子《こ》、ケンカのできない子《こ》には何《なん》の権利《けんり》もなくなってしまう。世界《せかい》も同《おな》じだよ。

そこで北方領土《ほっぽうりょうど》のことを、戦争《せんそう》と切《き》り離《はな》して調《しら》べてみるとよくわかるんだ。まず覚《おぼ》えておいてほしいのは、北方四島《ほっぽうよんとう》はいまだかつて一度《いちど》も外国《がいこく》の領土《りょうど》になったことがないということ。これが大事《だいじ》だと思《おも》う。

まず、記録《きろく》として、日本《にっぽん》とロシアが、1855（嘉永《かえい》7）年《ねん》2月《がつ》7日《か》に、条約《じょうやく》（日露和親条約《にちろわしんじょうやく》）を交《か》わしたことがある。そのとき、日本《にっぽん》とロシアの間《あいだ》で、択捉島《えとろふとう》と、その先《さき》の得撫島《うるっぷとう》との間《あいだ》に国境《こっきょう》を決《き》めたんだ。だから択捉島《えとろふとう》までは日本《にっぽん》のもので、得撫島《うるっぷとう》から先《さき》はロシアのものということになる。

あと、北方四島《ほっぽうよんとう》と関係《かんけい》があるのが、北海道《ほっかいどう》の北《きた》の先《さき》にある樺太《からふと》（ロシア語《ご》のサハリン）なんだけど、この条約《じょうやく》を交《か》わしたとき、樺太《からふと》も国境《こっきょう》がはっきりしていなくて、どっちつかずのままになった。ここまではいいね？」

由香《ゆか》ちゃんがコクリとうなずきました。

「その後《ご》、順番《じゅんばん》に説明《せつめい》すると、1869（明治《めいじ》2）年《ねん》に、日本《にっぽん》は、それまで蝦夷地《えぞち》と呼《よ》ばれていた地域《ちいき》を北海道《ほっかいどう》という呼《よ》び名《な》にして、このとき、国後島《くなしりとう》と択捉島《えとろふとう》も合《あ》わせて「千島国《ちしまのくに》」として北海道《ほっかいどう》の一部《いちぶ》にした。

そして1875（明治《めいじ》8）年《ねん》には、日本《にっぽん》とロシアが樺太《からふと》・千島交換条約《ちしまこうかんじょうやく》を結《むす》んだ。これは北《ほっ》方四島《ぽうよんとう》の先《さき》に連《つら》なっている千島列島《ちしまれっとう》も日本領《にっぽんりょう》にするけれど、日本《にっぽん》とロシアの共同統治《きょうどうとうち》にするということ。そのかわり樺太《からふと》の日本《にっぽん》の権利《けんり》は放棄《ほうき》することにした。だから、それまで千島国《ちしまのくに》は今《いま》の北方四島《ほっぽうよんとう》までだったけれど、この条約《じょうやく》のあと、択捉島《えとろふとう》の先《さき》の得撫島《うるっぷとう》から占守島《しゅむしゅとう》までも千島国《ちしまのくに》になった」

「領土《りょうど》って、行《い》ったり来《き》たりするんだね。複雑《ふくざつ》すぎてわたしにはちょっと難《むずか》しいよ」

「その後《ご》、日露戦争《にちろせんそう》の末期《まっき》に日本軍《にっぽんぐん》が樺太《からふと》に侵攻《しんこう》して日本《にっぽん》が占有《せんゆう》した。そして日本《にっぽん》が日露戦争《にちろせんそう》に勝《か》って、南樺太《みなみからふと》が日本《にっぽん》の領土《りょうど》になるんだ。それから、さっき話《はな》した第二次世界大戦《だいにじせかいたいせん》のあとの話《はなし》になっていくんだよ。

少《すこ》しおさらいするけど、戦争《せんそう》は日本《にっぽん》とドイツ、イタリアの三国同盟国《さんごくどうめいこく》と、アメリカやイギリスを中心《ちゅうしん》にした連合国《れんごうこく》が戦《たたか》った。ここに、日本《にっぽん》が戦争《せんそう》に負《ま》ける直前《ちょくぜん》に、日本《にっぽん》と中立条約《ちゅうりつじょうやく》を結《むす》んでいたソ連《れん》がいきなり参加《さんか》して、南樺太《みなみからふと》、それに北方四島《ほっぽうよんとう》も占領《せんりょう》してしまった。つまり、北方《ほっぽう》四島《よんとう》はソ連《れん》に奪《うば》われた領土《りょうど》ということで、ここに、さっき話《はな》したように、戦争《せんそう》で勝《か》った国《くに》は何《なん》でもできるというひどい理屈《りくつ》があるんだ。さらにソ連《れん》は、50万人《まんにん》以上《いじょう》の日本人《にっぽんじん》をシベリアに連《つ》れて行《い》って強制労働《きょうせいろうどう》させせるようなことまでしている。それで5万人《まんにん》以上《いじょう》の日本人《にっぽんじん》が犠牲《ぎせい》になっているんだ。

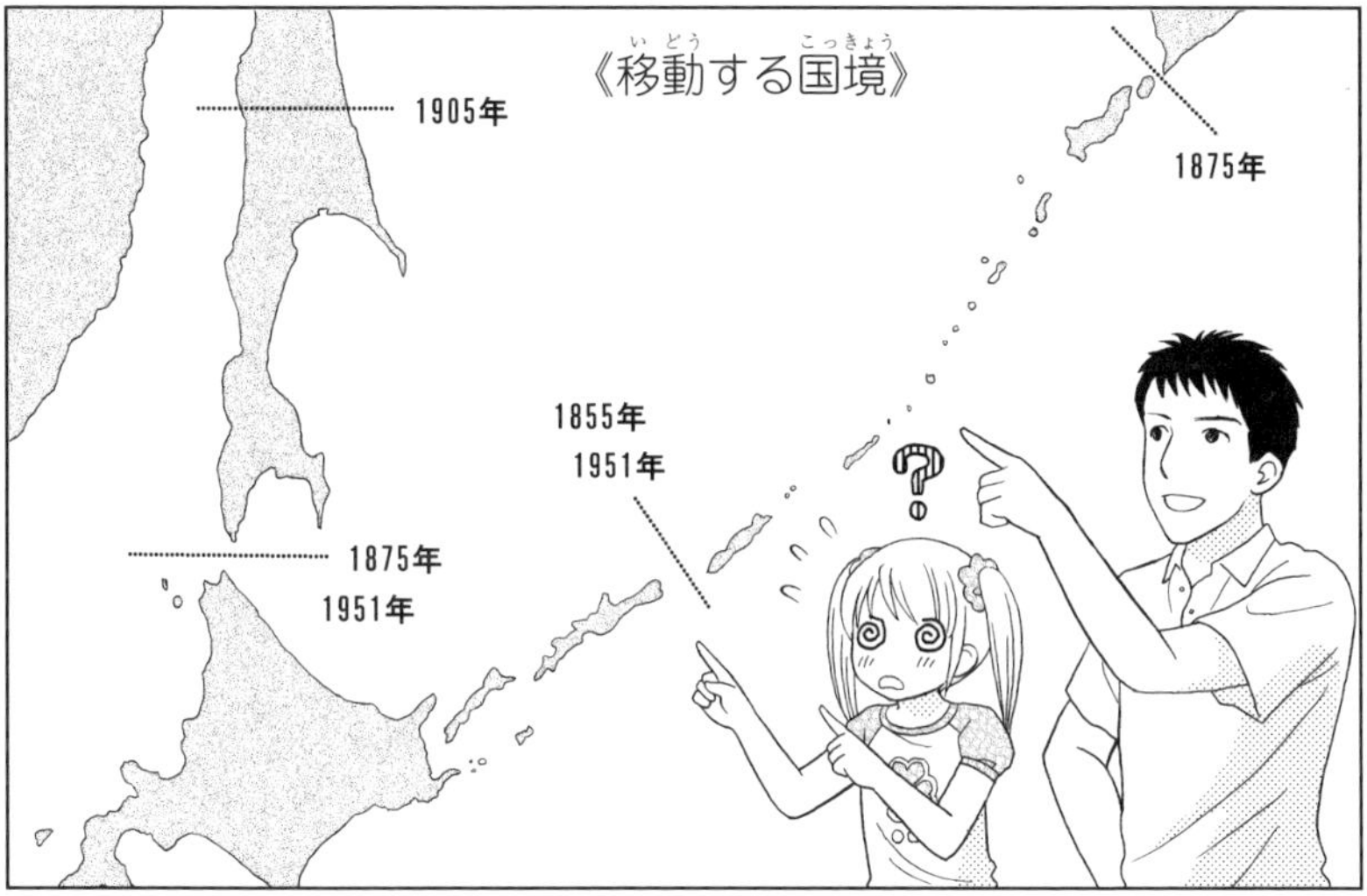
《移動《いどう》する国境《こっきょう》》
1905年
1875年
1855年
1951年
1875年
1951年

こういうことを許《ゆる》しておいたら、暴力《ぼうりょく》が支配《しはい》するとんでもない世界《せかい》を認《みと》めるということになってしまう。逆《ぎゃく》に言《い》えば、北方領土《ほっぽうりょうど》は戦争《せんそう》で奪《うば》われた前《まえ》に戻《もど》すのがいちばん正《ただ》しいルールだと思《おも》うんだ。だからお父《とう》さんは四島返還《よんとうへんかん》を支持《しじ》しているんだ。

残念《ざんねん》だけど、日本《にっぽん》の北方領土《ほっぽうりょうど》についての主張《しゅちょう》を理解《りかい》してくれる他《ほか》の国《くに》はほとんどない。でも逆《ぎゃく》に、日本《にっぽん》は『力《ちから》が支配《しはい》する世界《せかい》はいけない』というメッセージを、北方領土《ほっぽうりょうど》をもとにして世界《せかい》に向《む》けて発信《はっしん》してもいいんじゃないかと思《おも》うよ。

ただ、二島《にとう》を最初《さいしょ》に返還《へんかん》してもらって、ロシアと仲良《なかよ》くなって、それからあと二島《にとう》のことを話《はな》し合《あ》うとか、いろいろと考《かんが》えて進《すす》めたほうがいいとは思《おも》うね。何《なん》でもそうだけど、お互《たが》いに『絶対《ぜったい》に譲《ゆず》らない』と言《い》い合《あ》っていたら、そのままになってしまうからね」

由香《ゆか》ちゃんが、昔読《むかしよ》んだ絵本《えほん》のことを思《おも》い出《だ》しながら言《い》いました。

「一本橋《いっぽんばし》の上《うえ》で出会《であ》って動《うご》けなくなった二頭《にとう》のロバの話《はなし》みたいに、全然動《ぜんぜんうご》けなくなって、最後《さいご》に川《かわ》に落《お》ちてしまうようなことになるかもしれないね」

「そうね、その話《はなし》、お母《かあ》さんが読《よ》んであげたんだよね。川《かわ》に落《お》ちないように、知恵《ちえ》を出《だ》して、一生懸命《いっしょうけんめい》に話《はな》して、平和《へいわ》に解決《かいけつ》したいよね。北方領土《ほっぽうりょうど》も尖閣諸島《せんかくしょとう》も、竹島《たけしま》も」

お父《とう》さんが話《はなし》を続《つづ》けました。

「北方四島《ほっぽうよんとう》では、日本《にっぽん》の政権《せいけん》が新《あたら》しくなってから、ロシアとの関係《かんけい》にも変化《へんか》が出《で》てきて、返還《へんかん》に少《すこ》しだけ動《うご》きが出《で》てきたね。今言《いまい》われているのは、四島全部《よんとうぜんぶ》が日本《にっぽん》の領土《りょうど》ということをロシアに認《みと》めてもらって日ロ平和条約《にちろへいわじょうやく》を結《むす》び、国後《くなしり》、歯舞《はぼまい》、色丹《しこたん》の三島《さんとう》はすぐに返還《へんかん》してもらう。残《のこ》りの択捉島《えとろふとう》は、返還《へんかん》の時期《じき》をいつにするか時間《じかん》をかけて相談《そうだん》したり、共同《きょうどう》で資源《しげん》の開発《かいはつ》を考《かんが》えたりするということかな。これは日本《にっぽん》にとって悪《わる》いことじゃないと思《おも》うね。

この案《あん》をロシアが受《う》け入《い》れてくれるなら、すぐにまとまる可能性《かのうせい》が高《たか》いような気《き》もするよ。

ただ、ロシアは二島返還《にとうへんかん》には応《おう》じるかもしれないけれど、それ以上《いじょう》は難《むずか》しいかもしれないし、二島《にとう》も返《かえ》ってこないかもしれない。

ただ、お母《かあ》さんも話《はな》してくれたけど、ロシアは天然《てんねん》ガスを日本《にっぽん》に売《う》りたいと考《かんが》えているし、そのためには早《はや》く平和条約《へいわじょうやく》を結《むす》んで、ロシア側《がわ》から北海道《ほっかいどう》にパイプラインを引《ひ》いて天然《てんねん》ガスを買《か》えば、日本《にっぽん》の電力供給《でんりょくきょうきゅう》も楽《らく》になる。どちらの国《くに》にも悪《わる》い話《はなし》じゃない。だから、話《はな》し合《あ》いによっては、うまくいくかもしれないね。特《とく》にロシアのプーチン大統領《だいとうりょう》は、日本《にっぽん》に天然《てんねん》ガスを売《う》りたいということのほかに、日本《にっぽん》にお金《かね》を出《だ》してもらってシベリアを一緒《いっしょ》に開発《かいはつ》したいとも考《かんが》えているようだしね」

「肝心《かんじん》の北方四島《ほっぽうよんとう》の周《まわ》りの海底《かいてい》には、原油《げんゆ》とかの資源《しげん》はあるの？」

「そう、由香《ゆか》も気《き》になるよね？　ロシアの学者《がくしゃ》が発表《はっぴょう》したところでは、原油《げんゆ》、天然《てんねん》ガスが埋蔵《まいぞう》されている可能性《かのうせい》がある。もちろん、島《しま》の周囲《しゅうい》では魚介類《ぎょかいるい》がたくさん獲《と》れる。実《じつ》は、北方四島《ほっぽうよんとう》を含《ふく》めた千島列島《ちしまれっとう》の海《うみ》で獲《と》れる魚介類《ぎょかいるい》を日本《にっぽん》に売《う》ることはロシアにとっては、非公式《ひこうしき》だけど商《しょう》売《ばい》にもなっているので、それが北方四島《ほっぽうよんとう》を日本《にっぽん》に返《かえ》したくない一《ひと》つの理由《りゆう》にもなっているらしいんだ。

でも、天然《てんねん》ガスを日本《にっぽん》に売《う》ったほうが、ずっとお金《かね》になるから、結局《けっきょく》は北方四島《ほっぽうよんとう》を日本《にっぽん》に返《かえ》したほうがいい、そんな声《こえ》も大《おお》きくなっているみたいだね。それに、北方四島《ほっぽうよんとう》が返《かえ》ってきても、漁業《ぎょぎょう》は、ある範囲《はんい》を決《き》めてロシアもできるようにするとか、いろいろ解決方法《かいけつほうほう》はあると思《おも》うよ。

それに北方四島《ほっぽうよんとう》が返《かえ》ってきたら、ロシア人《じん》に好意《こうい》を持《も》ち始《はじ》める日本人《にっぽんじん》が多《おお》くなるだろうし、魚《さかな》だって自由《じゆう》に買《か》えるようになると思《おも》うしね」

「お母《かあ》さんとしても、すごくいいと思《おも》うわ。北《きた》の海《うみ》の魚《さかな》って美味《おい》しいものが多《おお》いし、何《なに》よりも、夏《なつ》なんか、北方四島《ほっぽうよんとう》の観光《かんこう》ができるようになるかもしれないしね。そうなると、北海道《ほっかいどう》って、冬《ふゆ》は寒《さむ》くて大変《たいへん》だけど、食料自給率《しょくりょうじきゅうりつ》は２００％近《ちか》いし、エネルギーの心配《しんぱい》も少《すく》なくなると、いい地域《ちいき》だよね。お父《とう》さん、将来《しょうらい》、北海道《ほっかいどう》へ引《ひ》っ越《こ》そうか？　寒《さむ》いのはがまんして」

「いいかもしれないね。ロシアは、例《たと》えば町《まち》では集中暖房《しゅうちゅうだんぼう》が普及《ふきゅう》しているから、室内《しつない》はどこでも暖《あたた》かくて快適《かいてき》らしいよ。だから北海道《ほっかいどう》も、ロシアの暖房《だんぼう》システムを研究《けんきゅう》して、一部取《いちぶと》り入《い》れることくらいできれば、北海道《ほっかいどう》の厳《きび》しい冬《ふゆ》も暮《く》らしやすくなるかもしれない。ロシアから天然《てんねん》ガスを買《か》って、北海道《ほっかいどう》の暖房《だんぼう》システムを新《あたら》しく作《つく》ることを考《かんが》えてもいいよね」

「それなら、尖閣諸島《せんかくしょとう》とか竹島《たけしま》よりも、北方領土《ほっぽうりょうど》は解決《かいけつ》しやすいかもしれない。北方四島《ほっぽうよんとう》ツアーに早《はや》く行《い》けるようになればいいな。わたし、期待《きたい》しちゃうよ」

「いいわね、お母《かあ》さんも期待《きたい》するわ」

北方領土の歴史

1635年

蝦夷地（北海道）の松前藩が
樺太を調査。

1644年

調査に基づいて作成した地図
「正保御国絵図」に国後、
択捉を含む千島列島を記載。

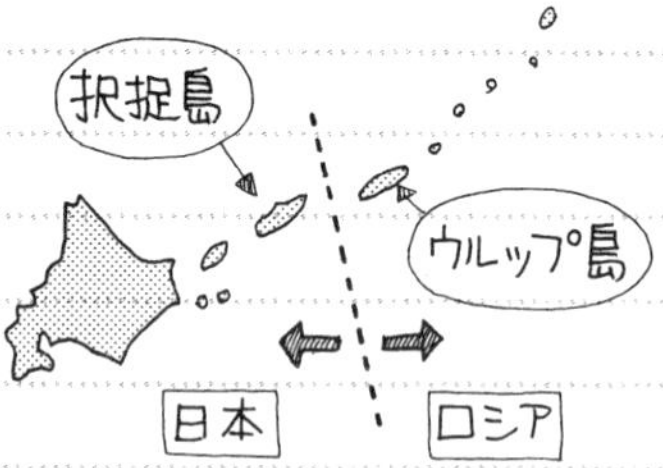

1855年

「日露和親条約」で
択捉島とウルップ島の
間を国境とする。

⇩

1875年

「樺太・千島交換条約」
を結び、ウルップ島以北
の千島列島を日本領に、
樺太をロシア領とした。

1905年

日露戦争終結。

「ポーツマス条約」により

南樺太が日本領になる。

その後 ロシアは

革命によって

ソビエト連邦に。

⇩

1941年

「日ソ中立条約」を締結。

しかし!

1945年

ソ連が「日ソ中立条約」を

一方的に破棄。

南樺太・北方四島を含む

千島列島全域を占領。

この行為には、ヤルタ会議における、米ソの密約があったと言われている…。

⇩

終戦 ⇨ 1951（昭和26）年

日本、サンフランシスコ条約で主権を

回復するも、ソ連は署名せず。

⇩

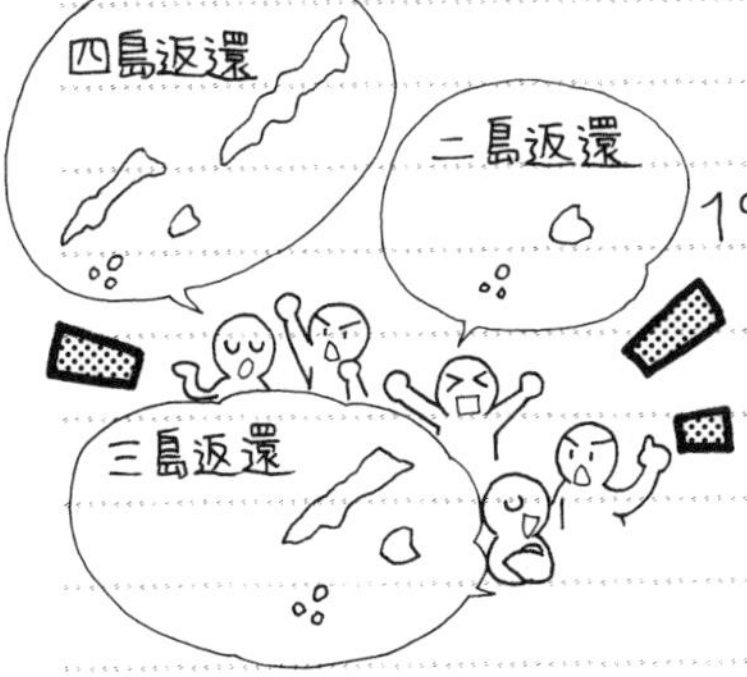

1956（昭和31）年

「日ソ共同宣言」ソ連は条約

締結後、歯舞・色丹の二島

を返還すると宣言。

（しかし条約は締結できず現在に至る）

ロシア・旧ソ連の主張

- ポツダム宣言が定めた日本の領土には含まれない。
- 第二次世界大戦後に、日本はクリール（千島）列島の領有権を放棄した。
- 戦争の結果によって決定した国境線の変更は許されない。
- 「四島は現在　ロシア連邦の主権下にあり、第二次世界大戦の結果である」（プーチン）
- 「第二次世界大戦の結果を見直すことは許されない」（メドベージェフ）
- 「古来ロシアの土地で、一寸たりとも日本に渡すことはない」（メドベージェフ）

観光
天然ガス
海産物
シベリア開発
過去にはいろいろあったけど、うまく解決すればお互いにメリットがいっぱい！よく話し合って平和な海になるといいわね。

日本の主張

✿1600年初頭から統治している。
✿1635（寛永12）年に松前藩が北方領土を含む地図を作成した。
✿1798（寛政10）年、択捉島に「大日本恵登呂府」の標識を立てた。
✿北方領土を発見、調査、開拓し、19世紀初めに四島の実効支配を確立している。
✿ヤルタ会談の密約に日本は拘束されない。
✿密約の千島列島には北方領土は含まれない。
✿サンフランシスコ条約で南樺太と千島列島を放棄したが北方四島は含まれない。

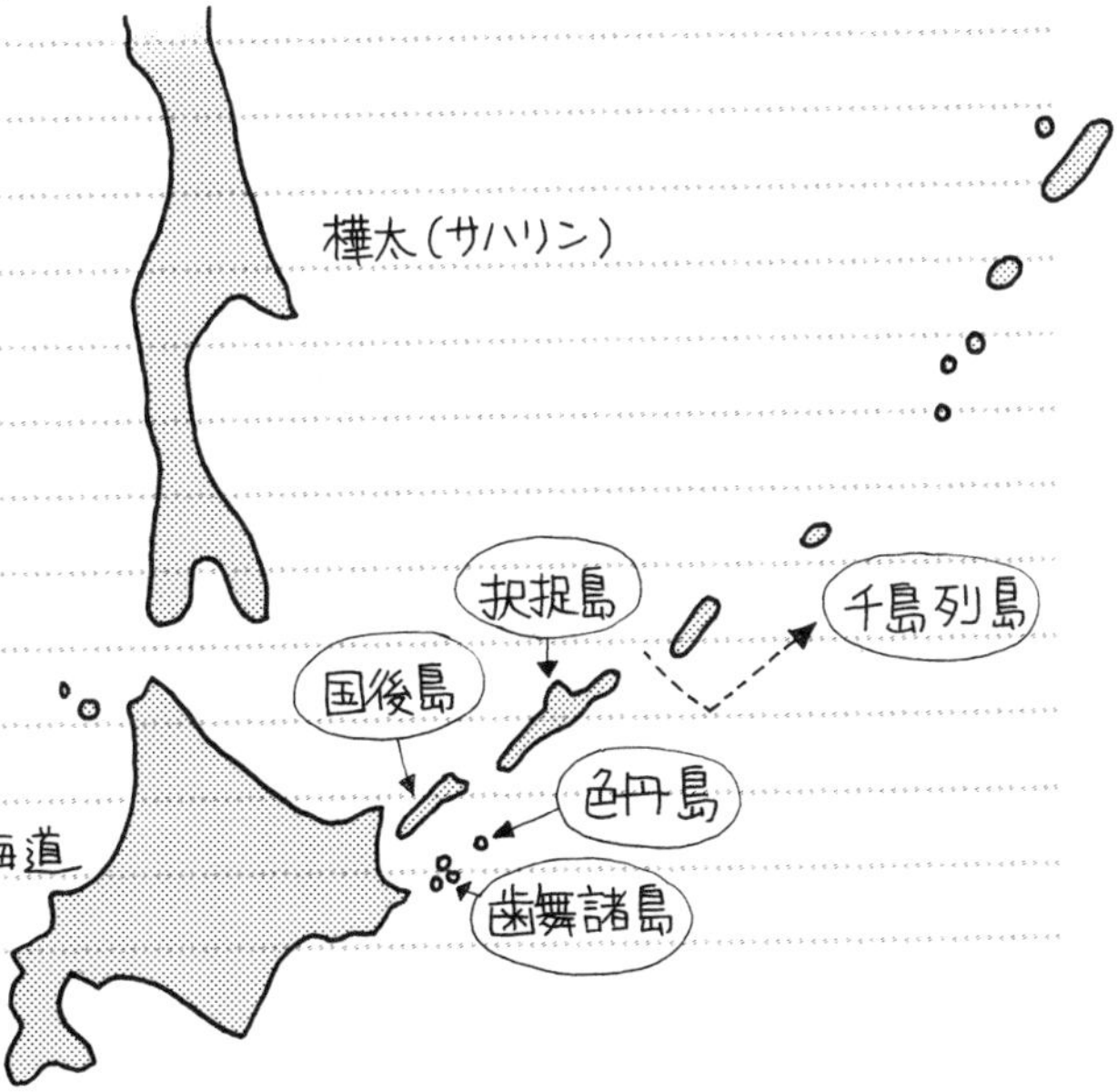

○まとめ○

《現状》

- 北方四島（歯舞諸島・色丹島・国後島・択捉島）は歴史的にも国際法上も明確に日本の領土である。しかし、第二次世界大戦以降、ソ連→ロシアが実効支配を続けている。
- ソ連は日ソ中立条約を一方的に破棄して日本に宣戦布告しており、北方四島を不法占拠して現在に至る。
- 1956（昭和31）年に調印された日ソ共同宣言で両国の国交が回復したが、領土問題については「平和条約締結後にソ連が歯舞諸島と色丹島を引き渡す」という形で先送りに。
- 1991（平成3）年にソ連が崩壊してロシアが引き継いだ。
- 長年「四島返還」案と「二島返還」案の二つで検討されてきたが、ここに来て択捉島を除く「三島返還（面積で約50％）」という新しい考えも出てきた。

《どうすればいい？》

- 尖閣・竹島に比べて国民の関心が低いところであるので、もっと積極的に国内で知らしめ、国全体でこの問題を考えるようにする。
- ロシアは国土に豊富な天然ガスを持っており、これを使ったビジネスを考えている。領土交渉にも役立つのでは？

大事な言葉!!

☆ 千島列島 ＝北海道の東の根室海峡からカムチャツカ半島の南、千島海峡までの間に連なる列島のこと。ロシアではクリル列島と呼ばれる。

☆ 樺太 ＝ユーラシア大陸の東、北海道の北にある島のこと。ロシアではサハリンと呼ばれる。19世紀以降日露間で国境が移動してきたが、1905年のポーツマス条約で北緯50度以南（南樺太）は日本領となった。1951年のサンフランシスコ条約で日本は千島列島とともに南樺太の領有を放棄したが、ロシア（当時はソ連）は条約に調印しておらず、両国間でまだ南樺太に関する条約が結ばれていないため、「国際法上　南樺太の帰属は未確定である」というのが日本政府の立場である。

☆ ヤルタ会談 ＝ウクライナ（当時ソビエト連邦）にあるクリミア半島の都市・ヤルタで行われた会議。アメリカ（フランクリン・ルーズベルト大統領）、イギリス（ウインストン・チャーチル首相）、ソ連（ヨシフ・スターリン書記長）が参加して、戦争終了後の敗戦国の処理を相談した。

参考文献

「危機迫る尖閣諸島の現状」（仲間均・著　日高宗敏・監修）
外務省ホームページ（http://www.mofa.go.jp/mofaj/）
尖閣諸島を守る会ホームページ（http://www.senkaku.net/home/first.htm）
島根県公式サイト「Ｗｅｂ竹島問題研究所」（http://www.pref.shimane.lg.jp/soumu/web-takeshima/）
北海道公式サイト「北方領土問題への北海道の取組み」（http://www.pref.hokkaido.lg.jp/sm/hrt/index.htm）
独立行政法人北方領土問題対策協会ホームページ（http://www.hoppou.go.jp/）

●作者紹介　武内 胡桃（たけうち　くるみ）

大学卒業後、出版社を経てフリーの編集者、ライターとして活動。妻の支えと、ペットの陸ガメ（ピエール）の癒しが仕事のエネルギー。今年、暦が還る年齢になったのを機に、家族や周囲の人への感謝の気持ちを新たにしつつ、新ジャンルの開拓を検討中。

●画家紹介　かなき詩織（かなき しおり）

7月21日生まれ、AB型。埼玉県出身。

1997年に少女漫画雑誌『ちゃお』にてデビュー。

児童向けのまんがを中心に活動し、主な作品は『なないろ☆ミラクル』（てんとう虫コミックススペシャル）。

児童書挿画として『フラガールと犬のチョコ』（弊社刊）がある。

尖閣・竹島・北方領土
どうなるの？日本の領土

平成25年9月26日　第1刷発行

ISBN　978-4-89295-922-6 C0031
発行者　日高　裕明
発行所　ハート出版
〒171-0014
東京都豊島区池袋3-9-23
TEL・03-3590-6077　FAX・03-3590-6078
ハート出版ホームページ http://www.810.co.jp/

印刷　中央精版印刷

★乱丁、落丁はお取りかえします。その他お気づきの点がございましたら、お知らせください。

編集担当／西山